Ciao,
Questo libro appartiene a
202...

Pregrafismo : linee rette

Traccia le linee da sinistra a destra.	Traccia le linee da destra a sinistra.

Pregrafismo : linee rette

Traccia le linee da sinistra verso destra.

Traccia le linee da destra verso sinistra.

Pregrafismo : linee rette

Traccia le linee dal basso verso l'alto.

Traccia le linee dall'alto verso il basso.

Pregrafismo : linee rette

Traccia le linee dall'alto verso il basso.

Traccia le linee dal basso verso l'alto.

Pregrafismo : linee rette

Traccia le linee da sinistra a destra.

Traccia le linee da destra a sinistra.

Traccia le linee dall'alto verso il basso.

Traccia le linee dal basso verso l'alto.

Pregrafismo : linee rette

Traccia le linee oblique dal basso verso l'alto.

Traccia le linee oblique dall'alto verso il basso.

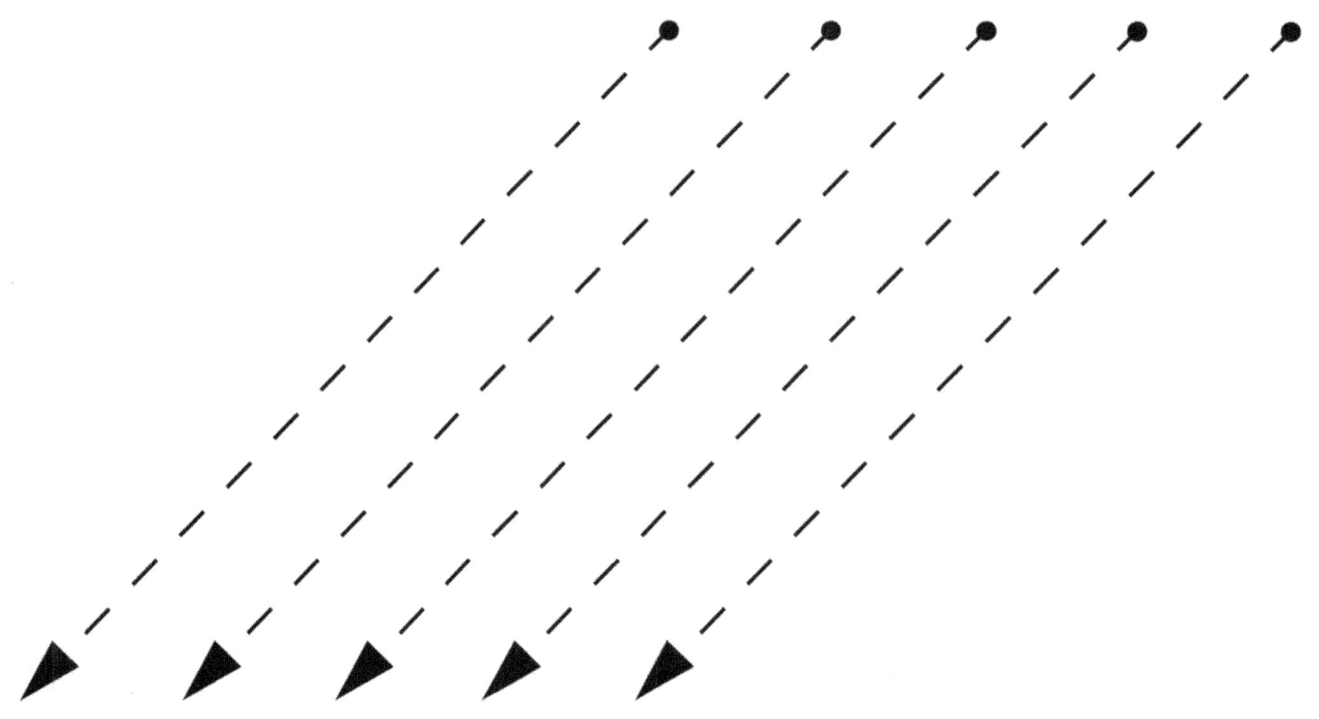

Pregrafismo : linee rette

Traccia le linee oblique dal basso verso l'alto.

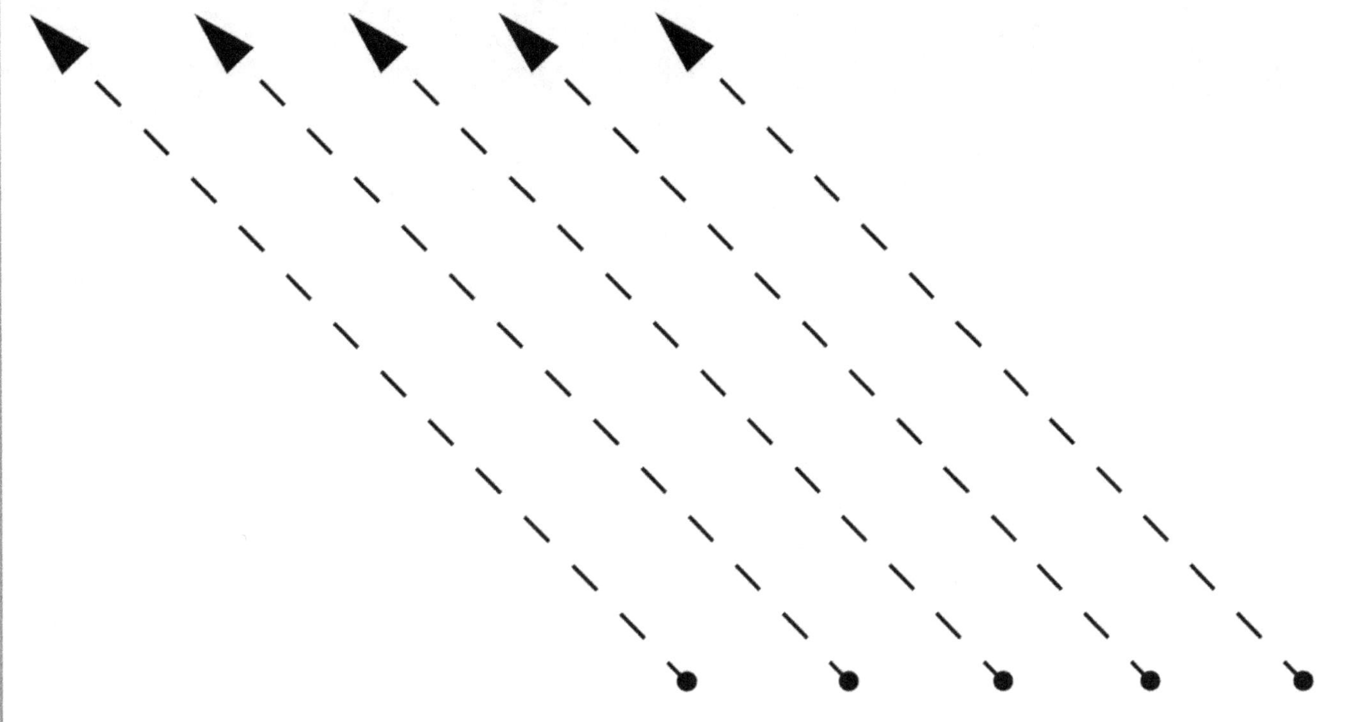

Traccia le linee oblique dall'alto verso il basso.

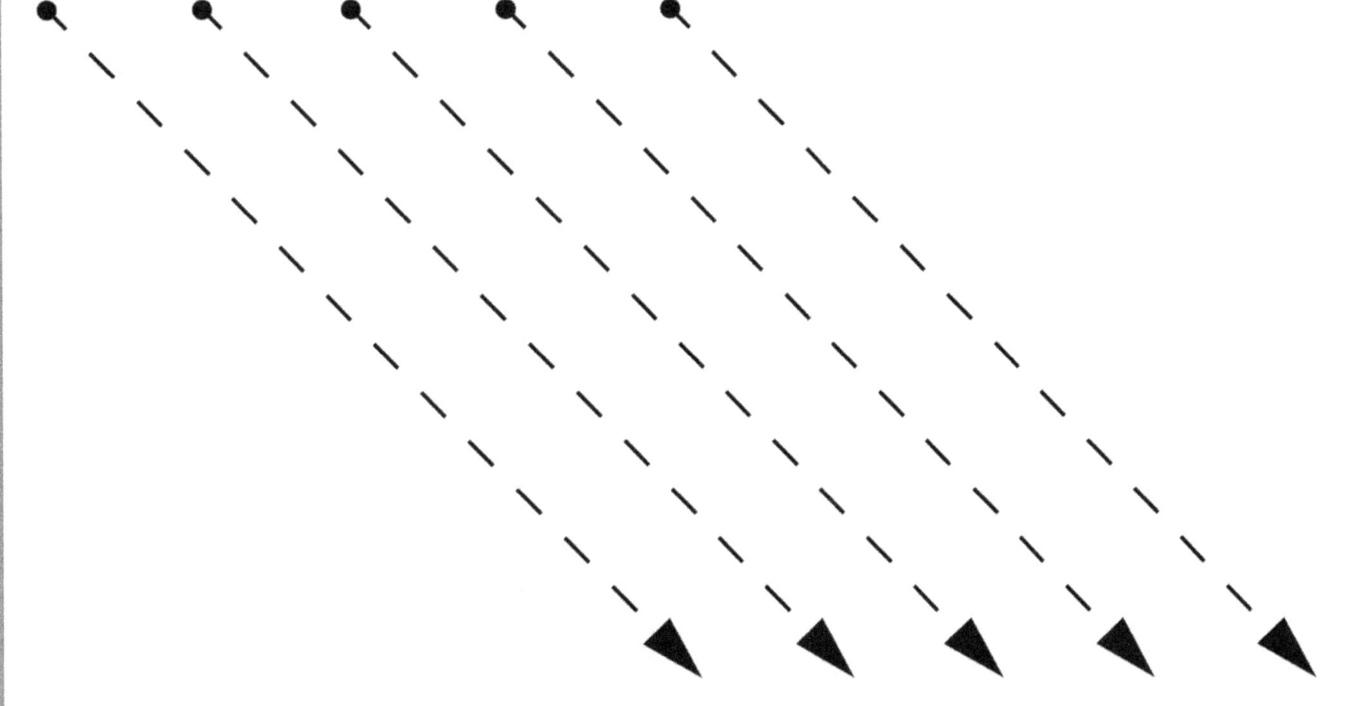

Pregrafismo : linee rette

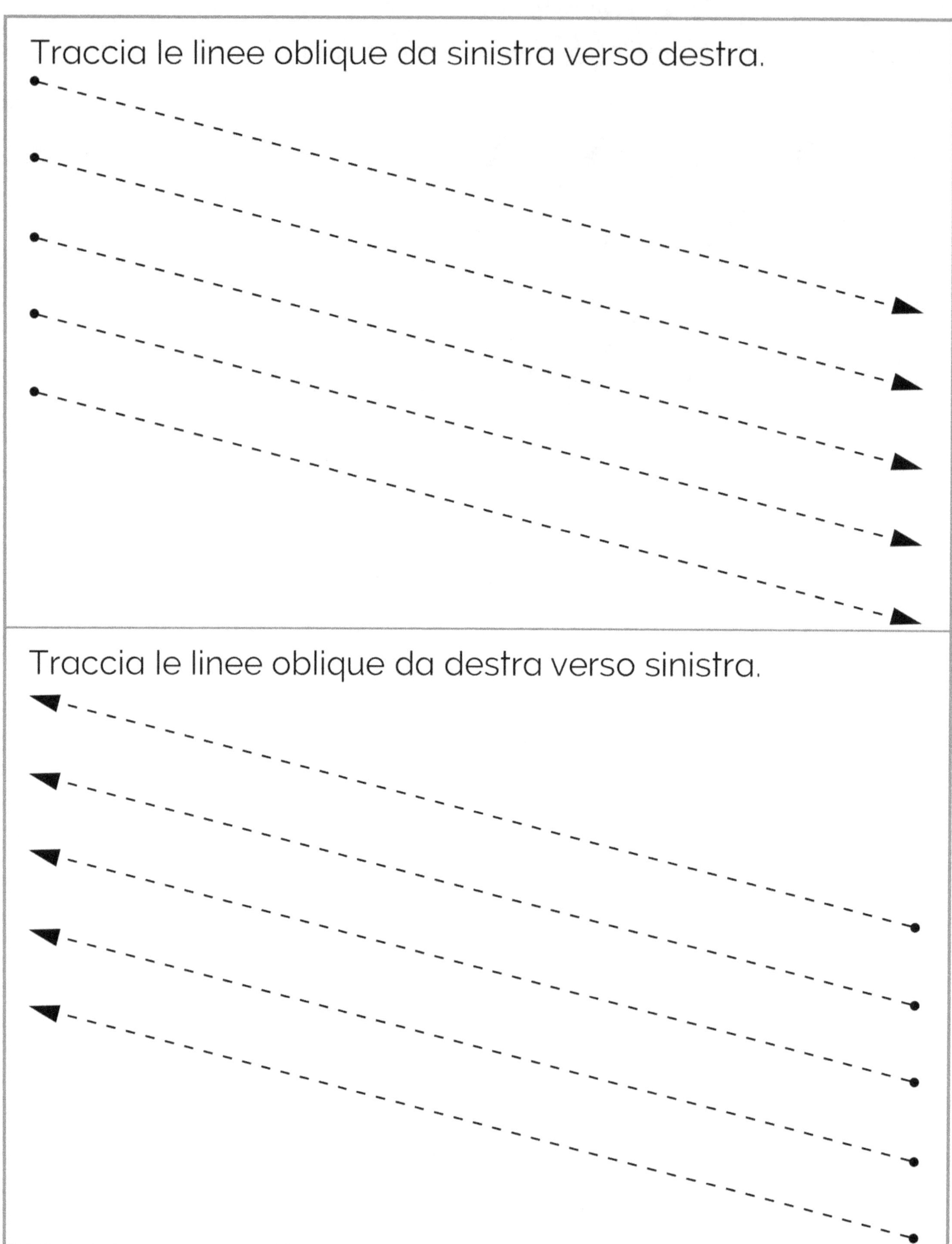

Pregrafismo : linee rette

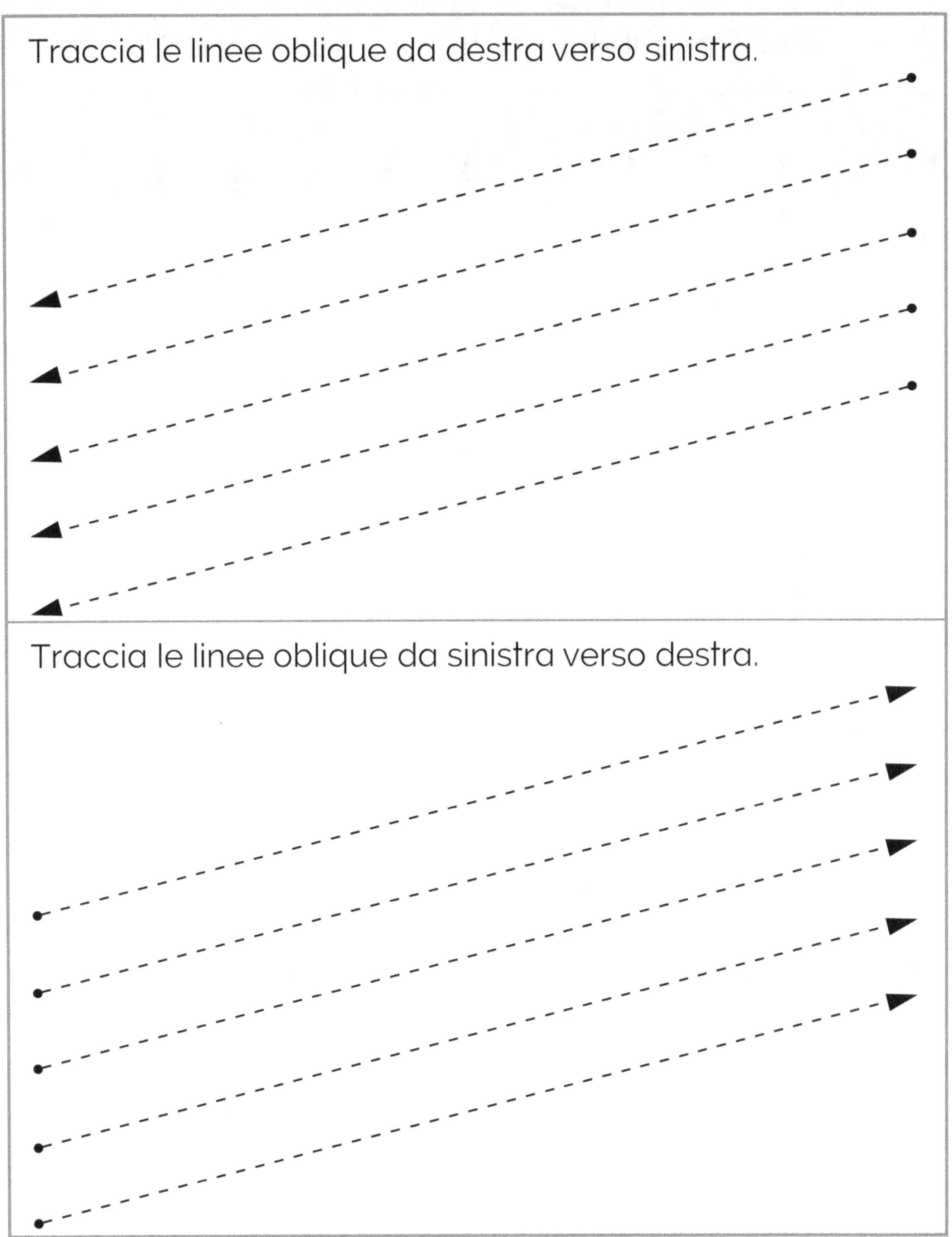

Pregrafismo : linee rette

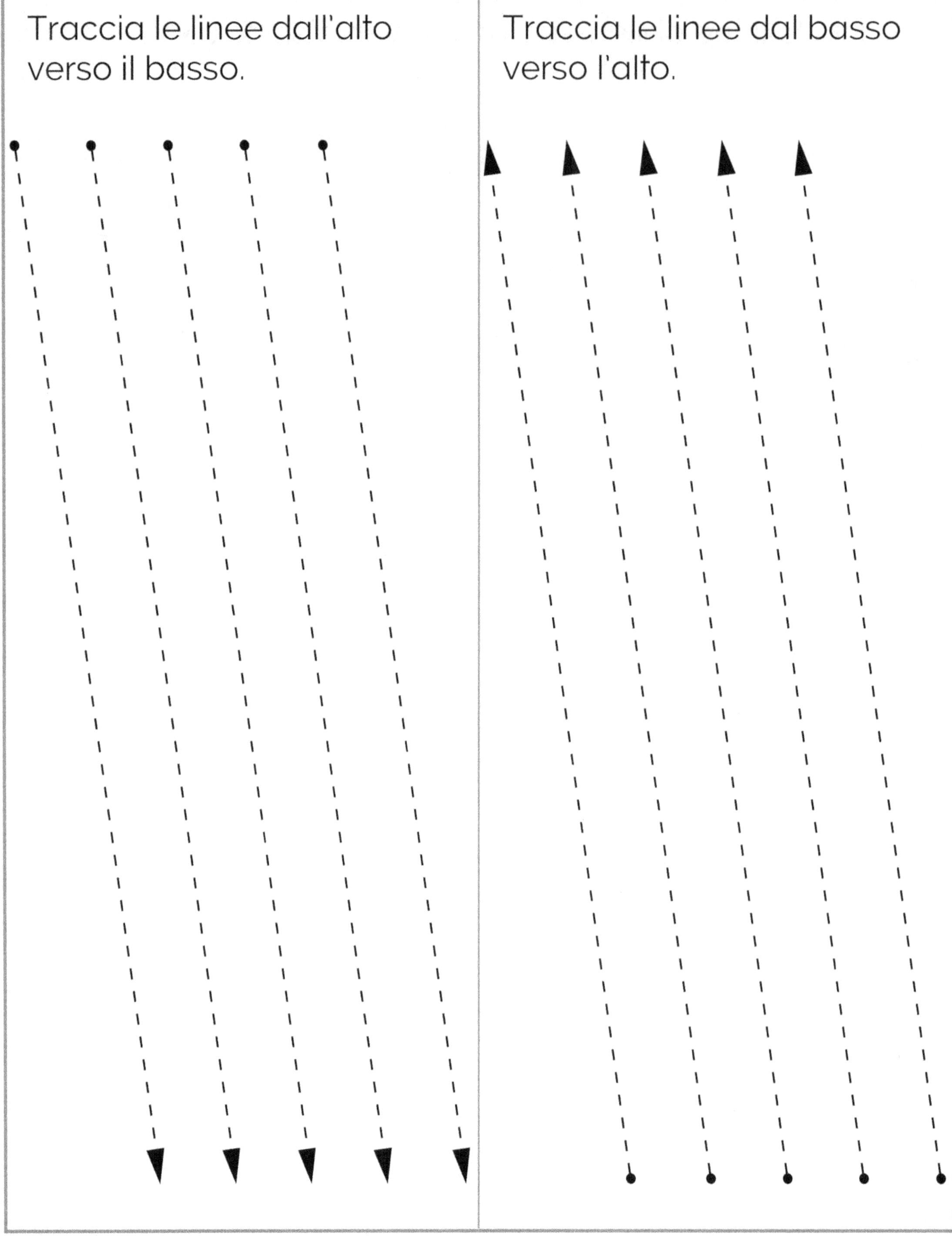

Pregrafismo : linee rette

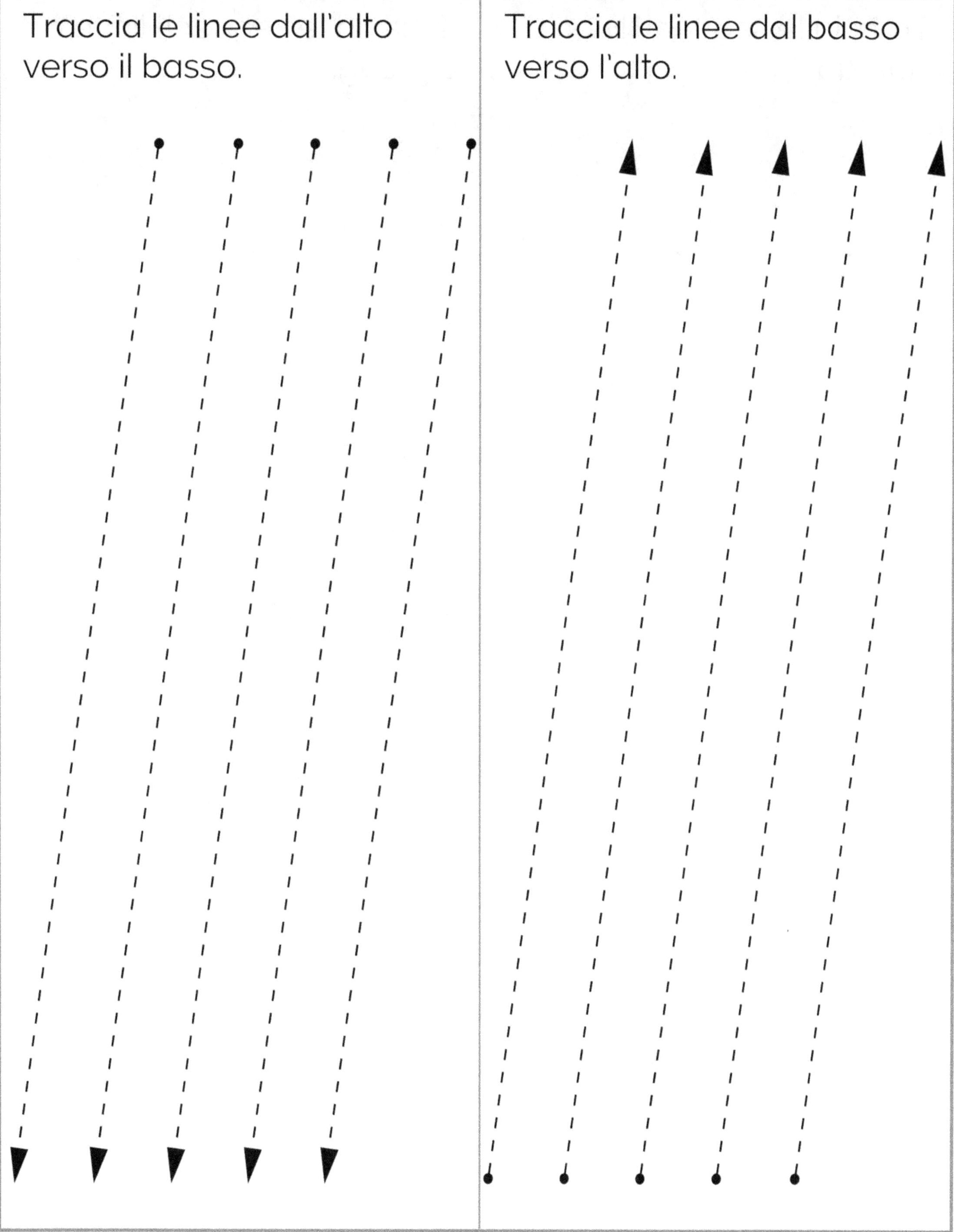

Pregrafismo : linee rette

Traccia le seguenti linee a zig-zag.

Traccia le seguenti linee a zig-zag.

Pregrafismo : linee curve

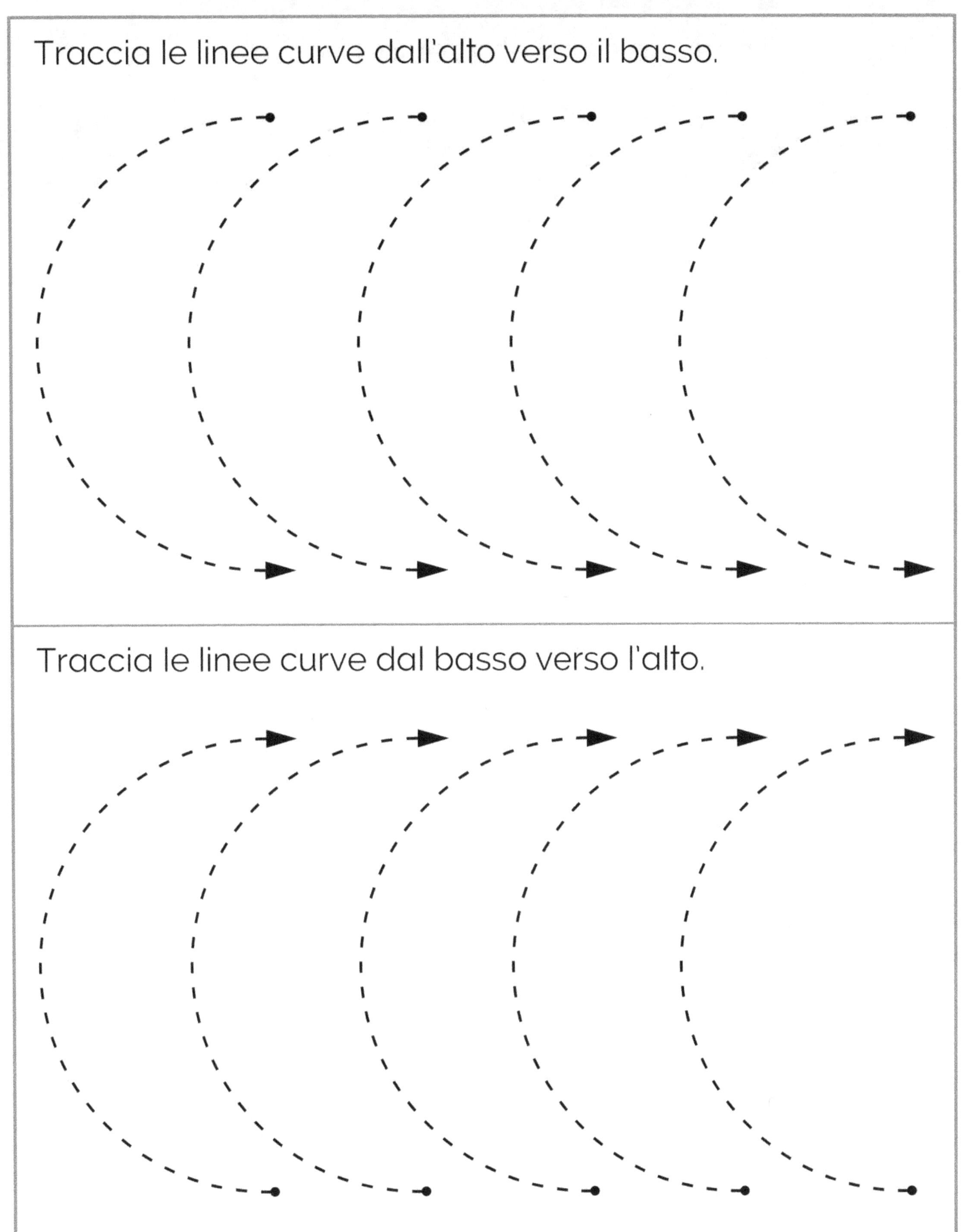

Pregrafismo : linee curve

Traccia le linee curve dall'alto verso il basso.

Traccia le linee curve dal basso verso l'alto.

Pregrafismo : linee curve

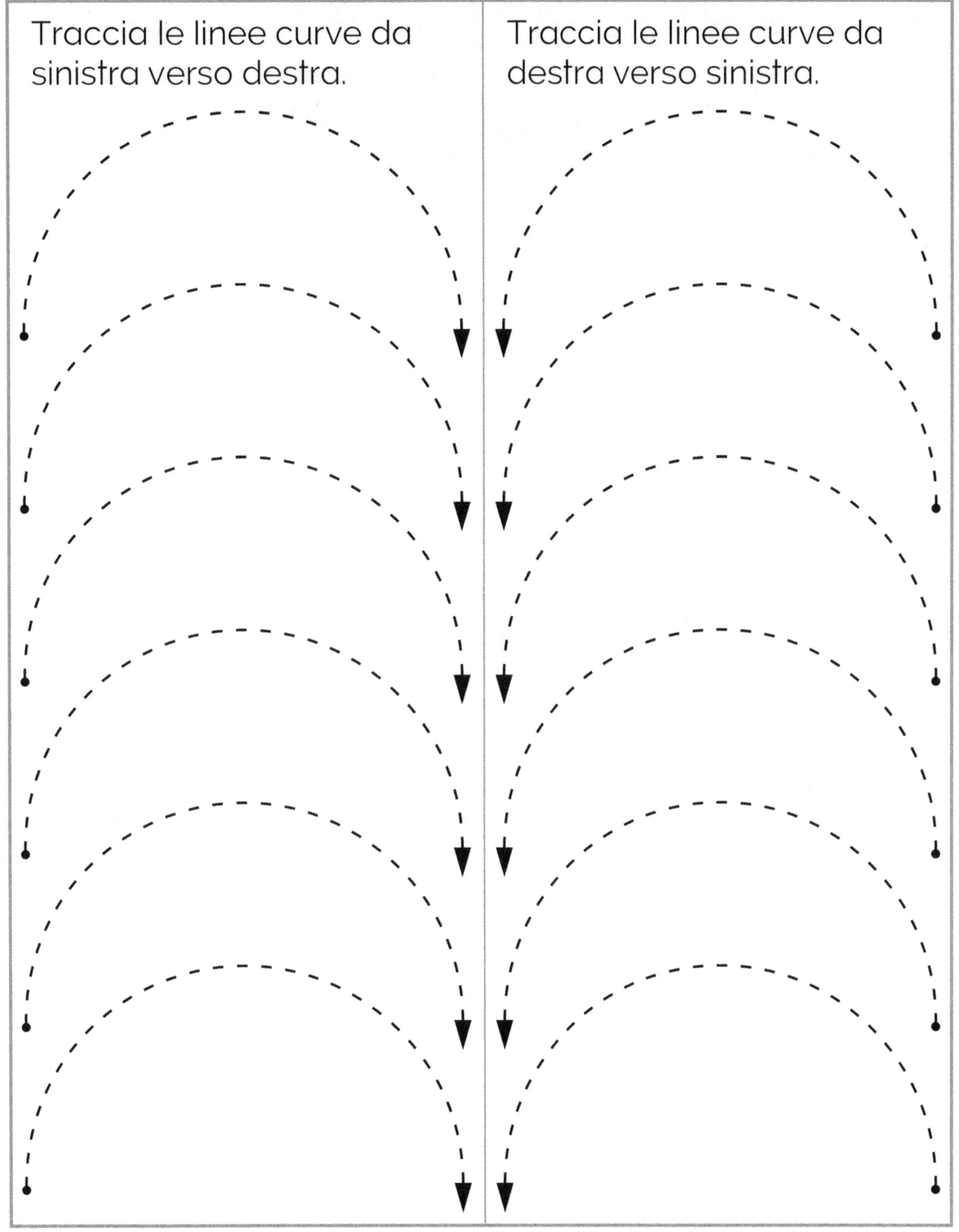

Pregrafismo : linee curve

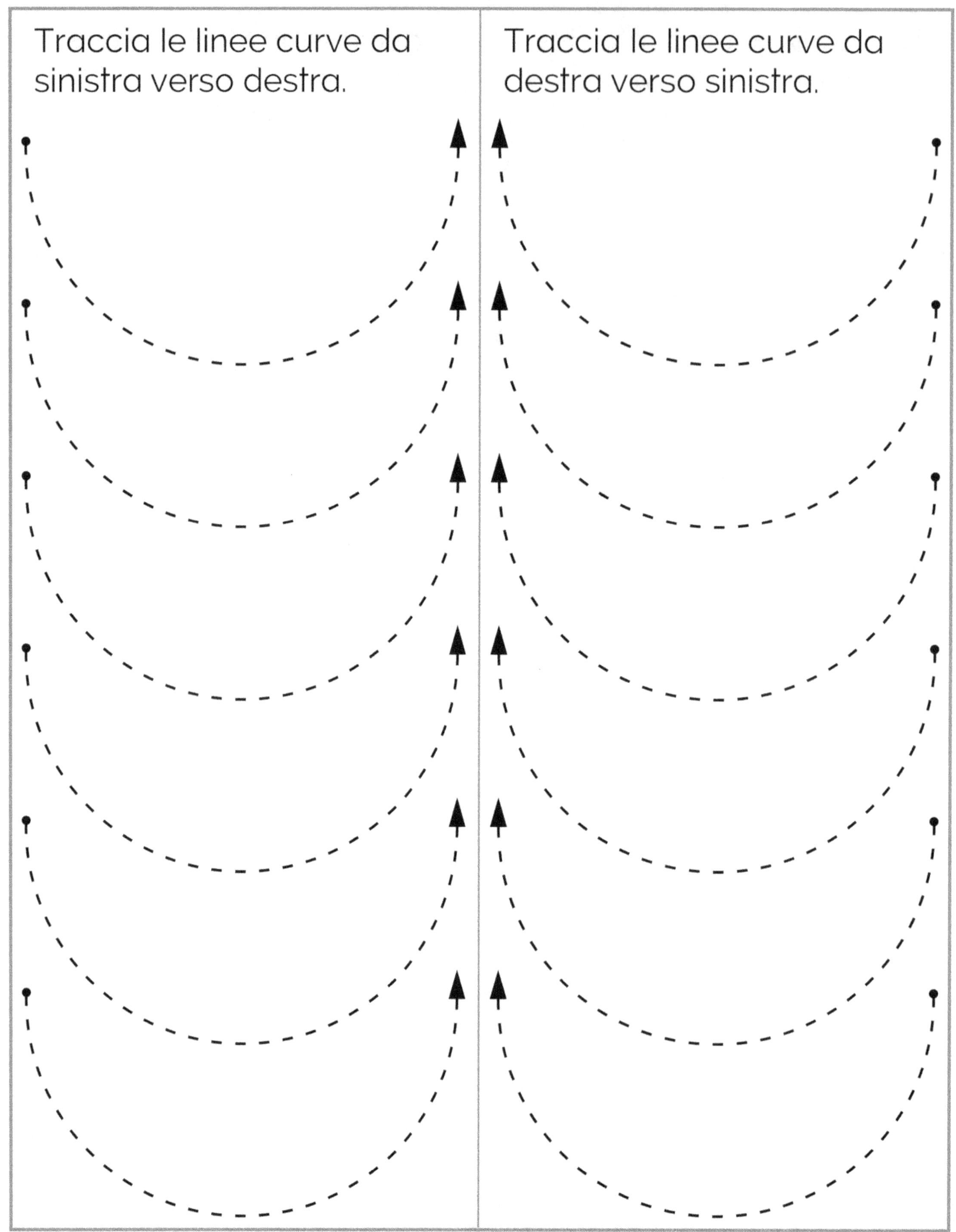

Pregrafismo : linee curve

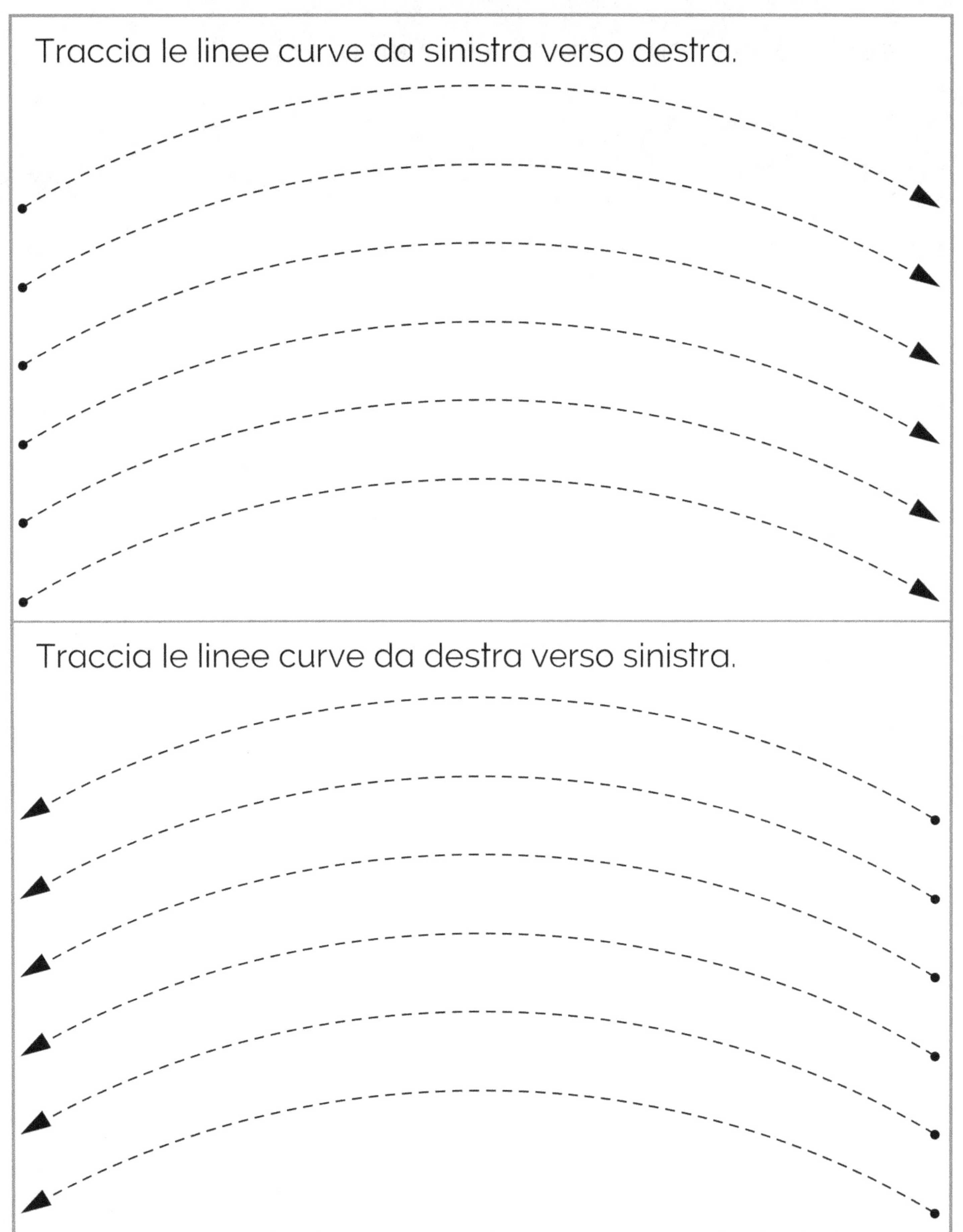

Pregrafismo : linee curve

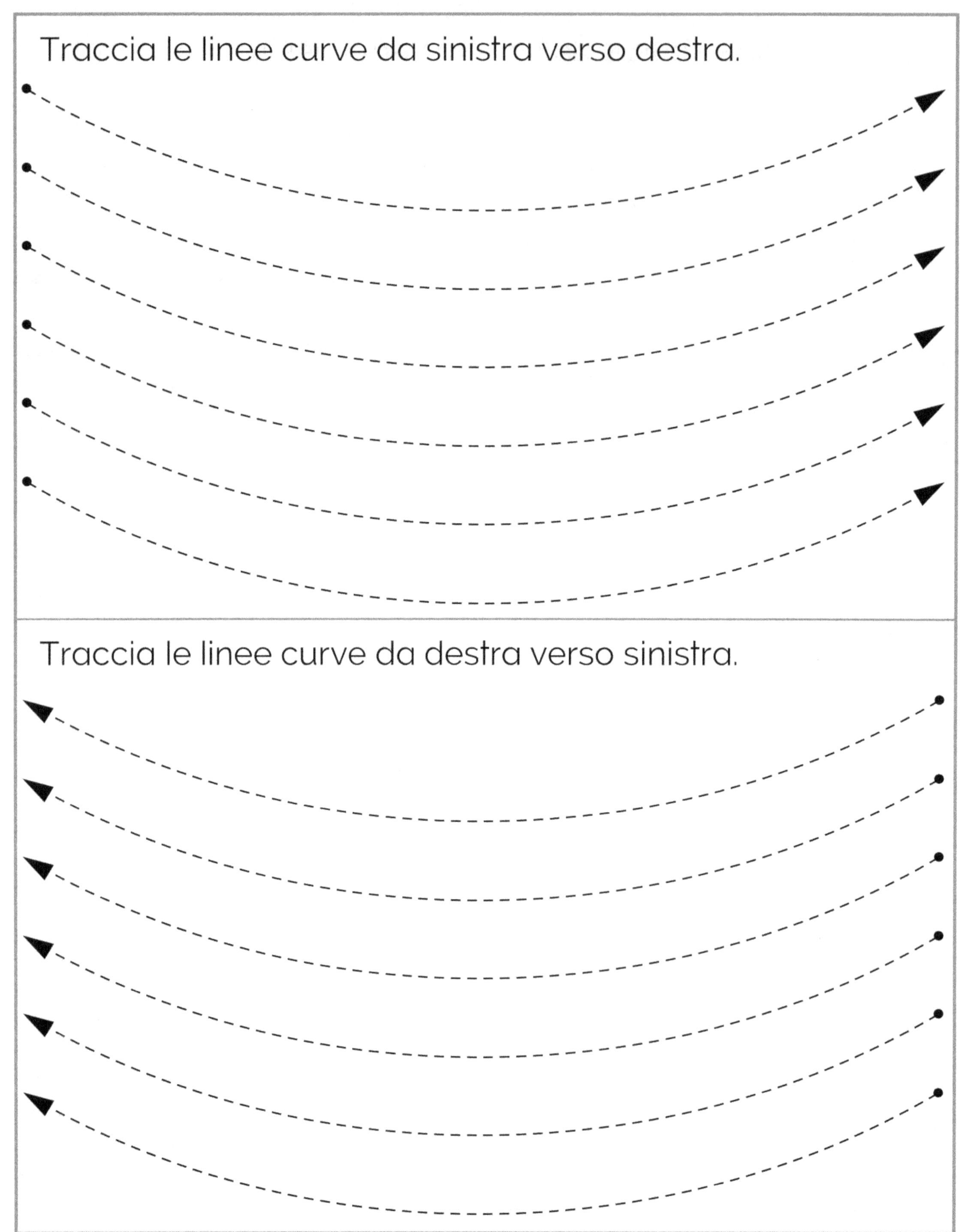

Traccia le linee curve da sinistra verso destra.

Traccia le linee curve da destra verso sinistra.

Pregrafismo : linee curve

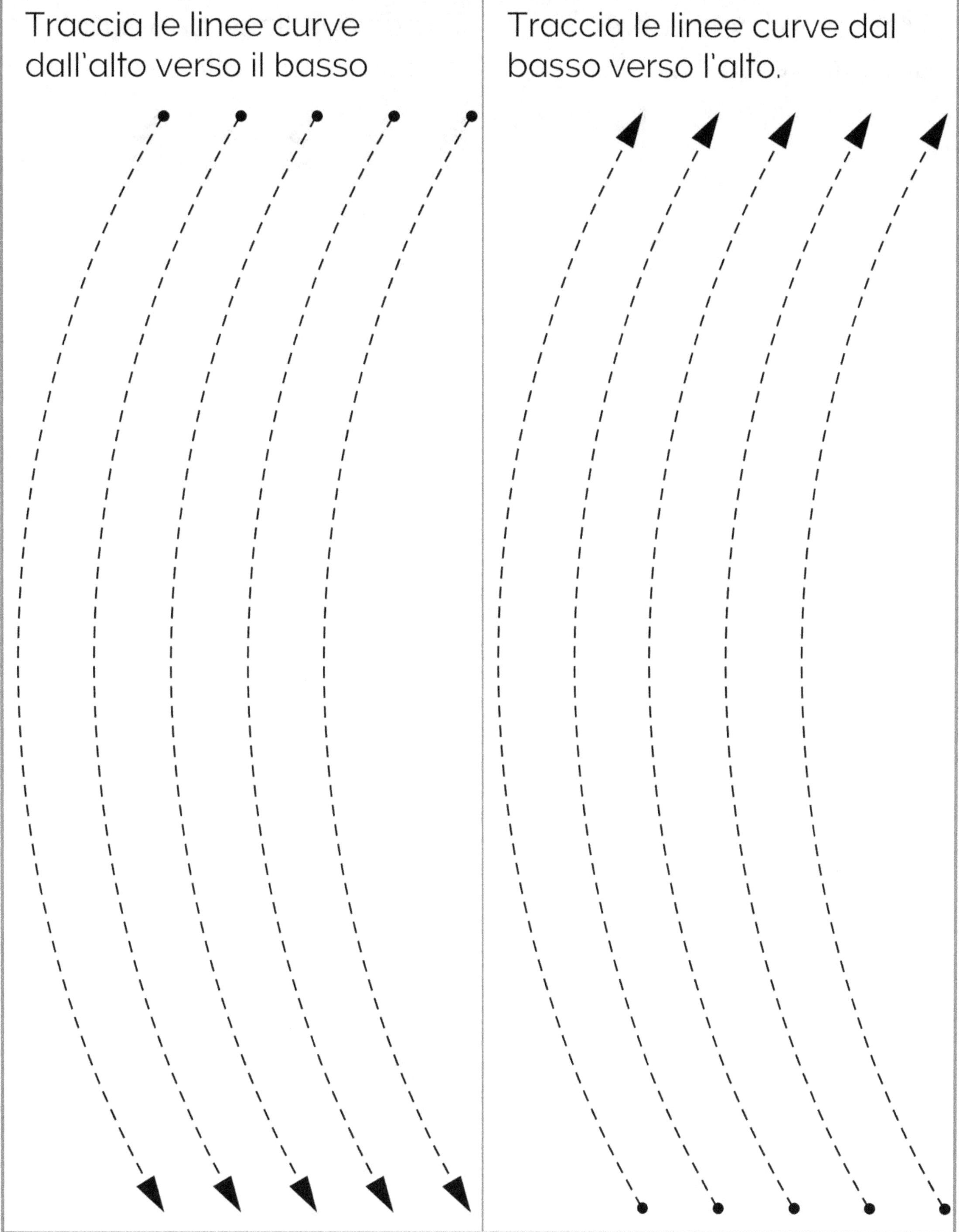

Pregrafismo : linee curve

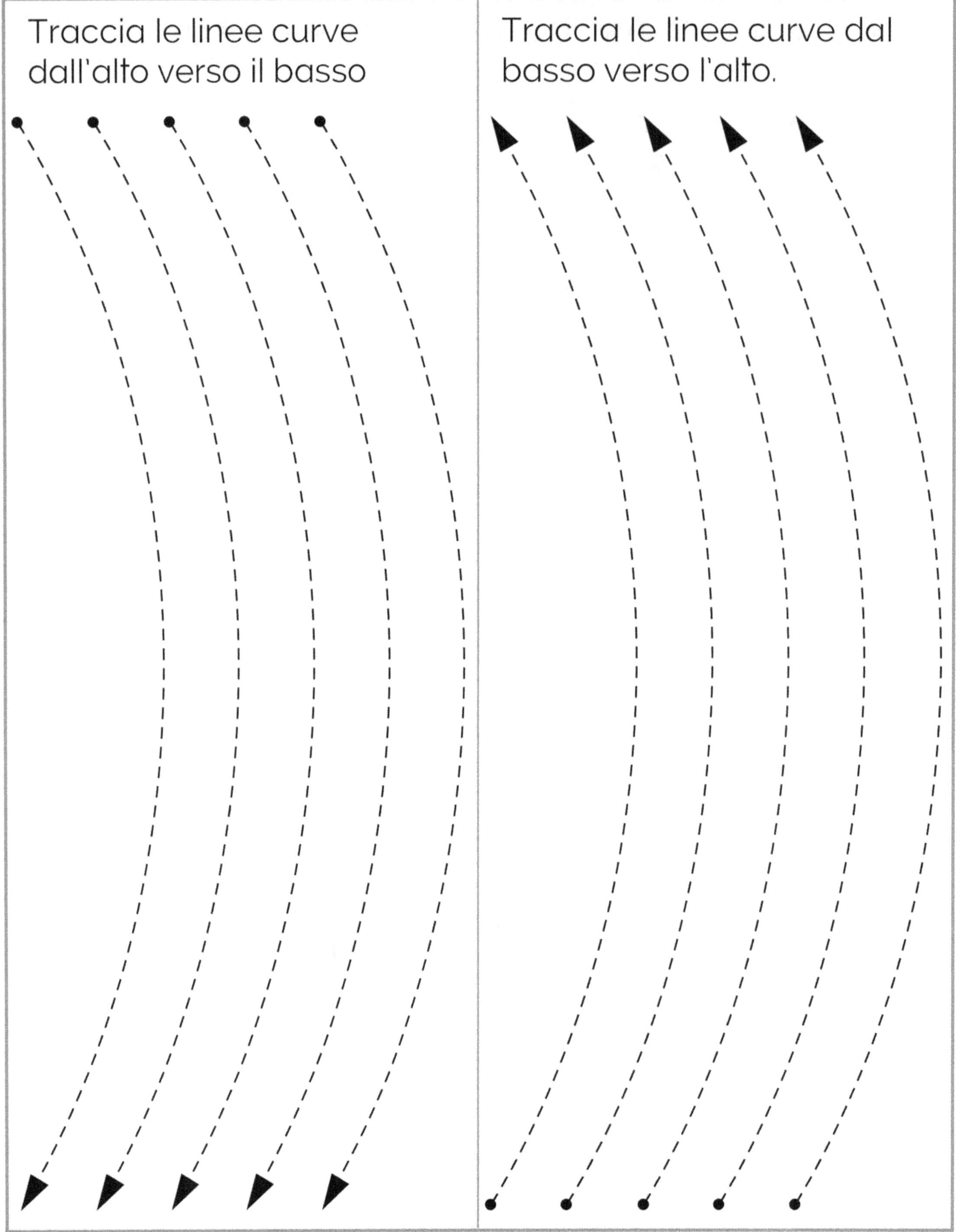

Pregrafismo : linee curve

| Traccia le linee curve. | Traccia le linee curve. |

Pregrafismo : linee miste

Traccia le linee rette e curve.

Pregrafismo : linee miste

Traccia le linee rette e curve.

Schede di pregrafismo

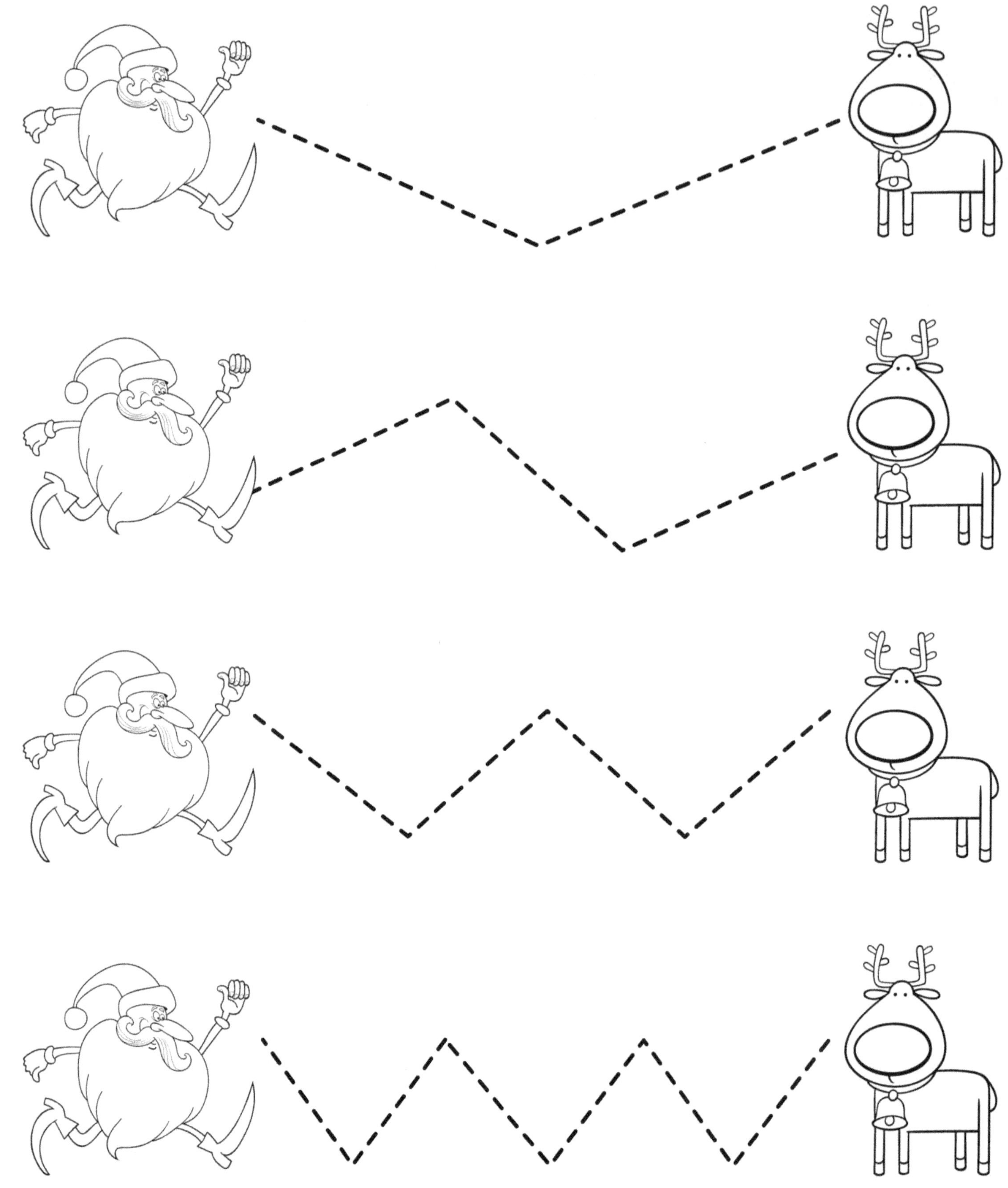

Schede di pregrafismo

Schede di pregrafismo

Pregrafismo : collego i punti

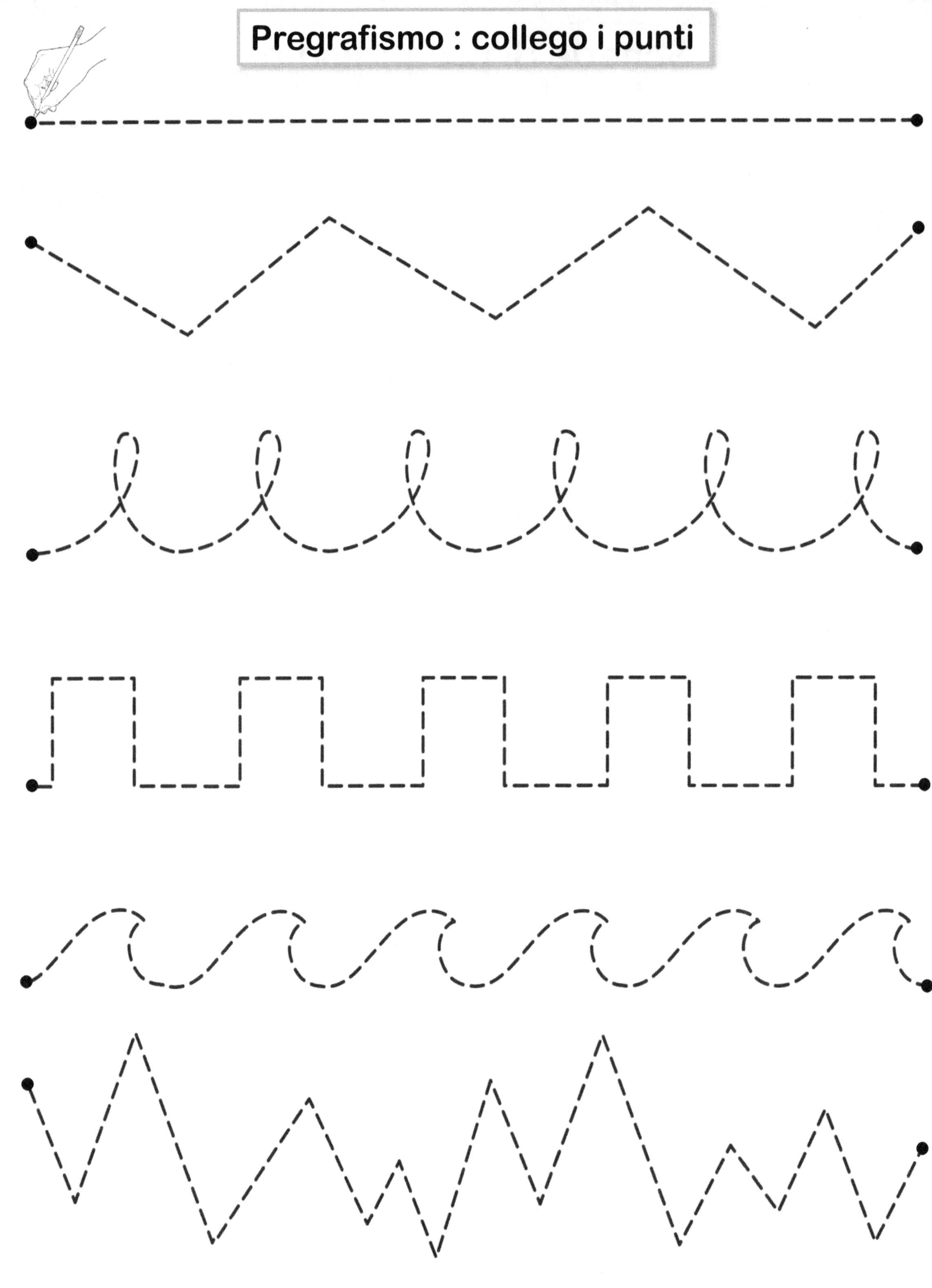

Pregrafismo : collego i punti

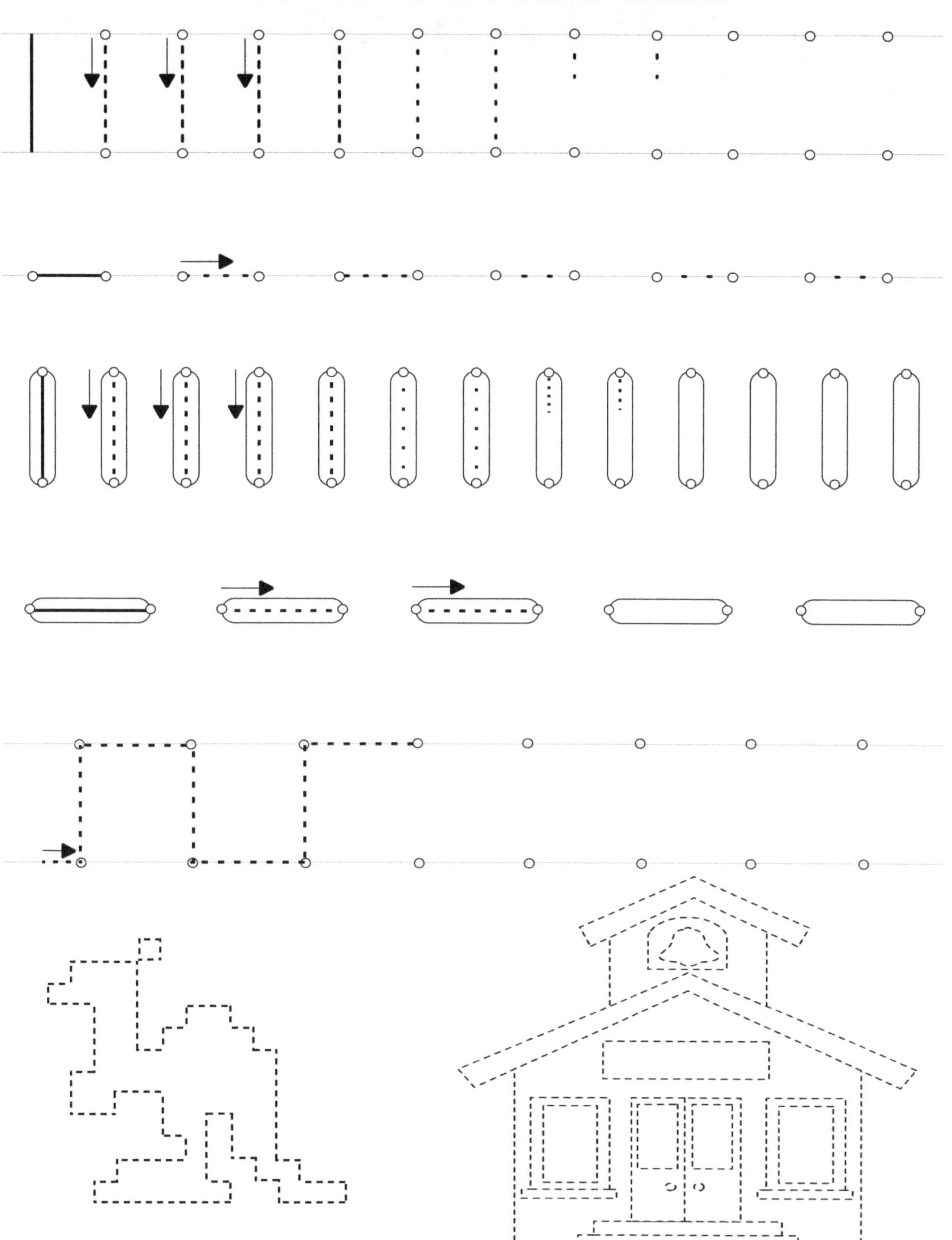

Pregrafismo : collego i punti

Pregrafismo : collego i punti

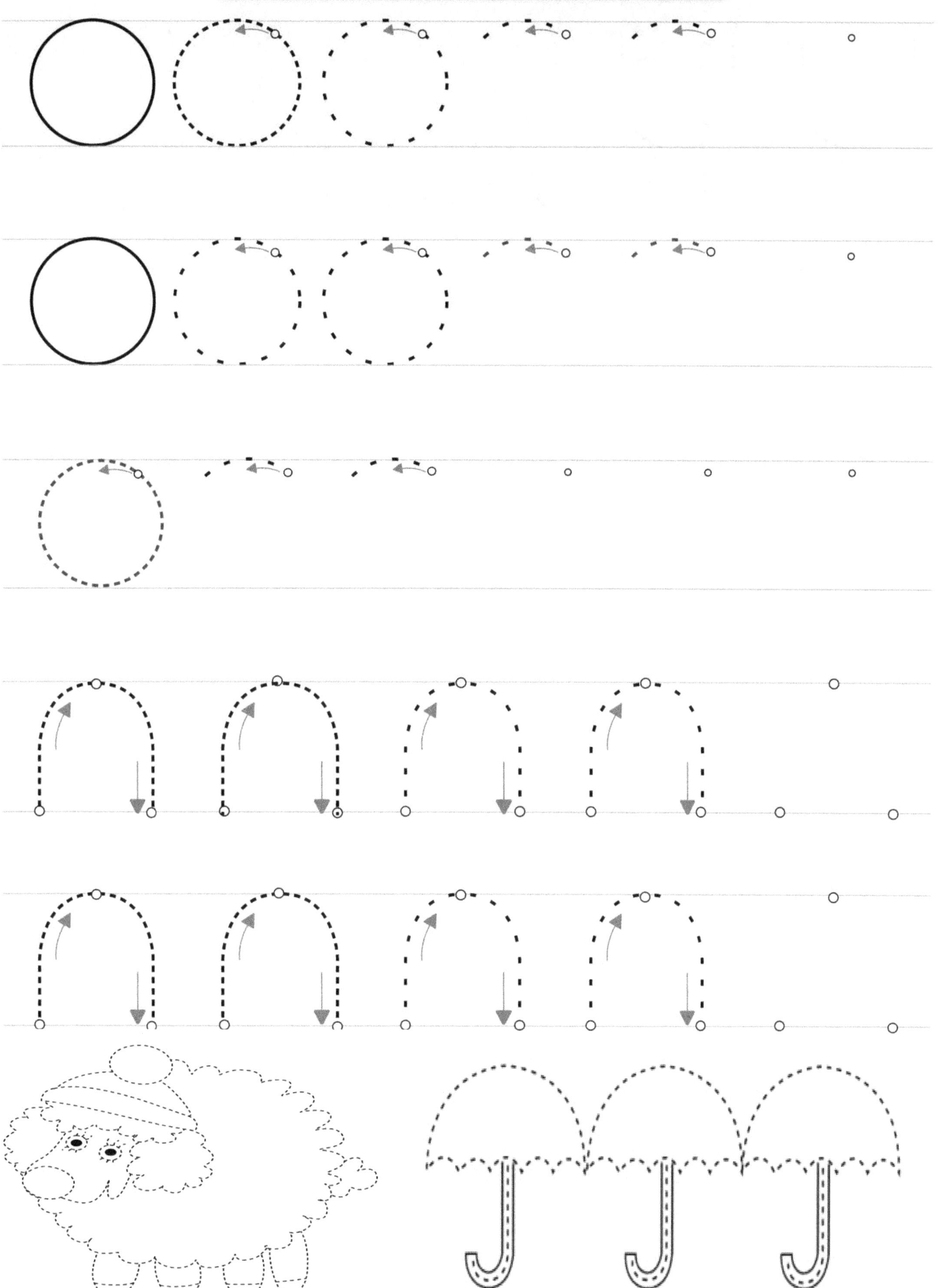

Pregrafismo : collego i punti

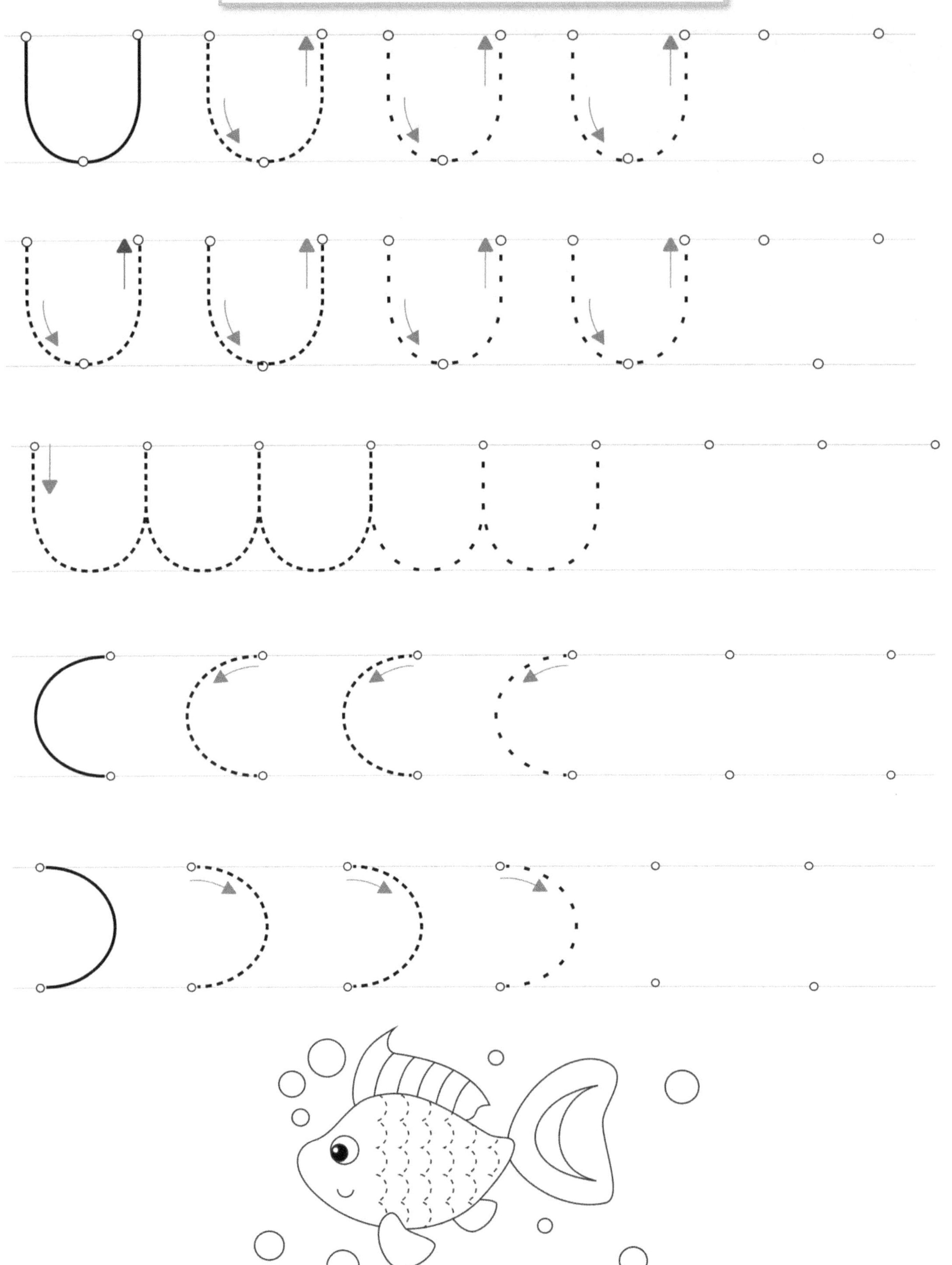

Pregrafismo : collego i punti

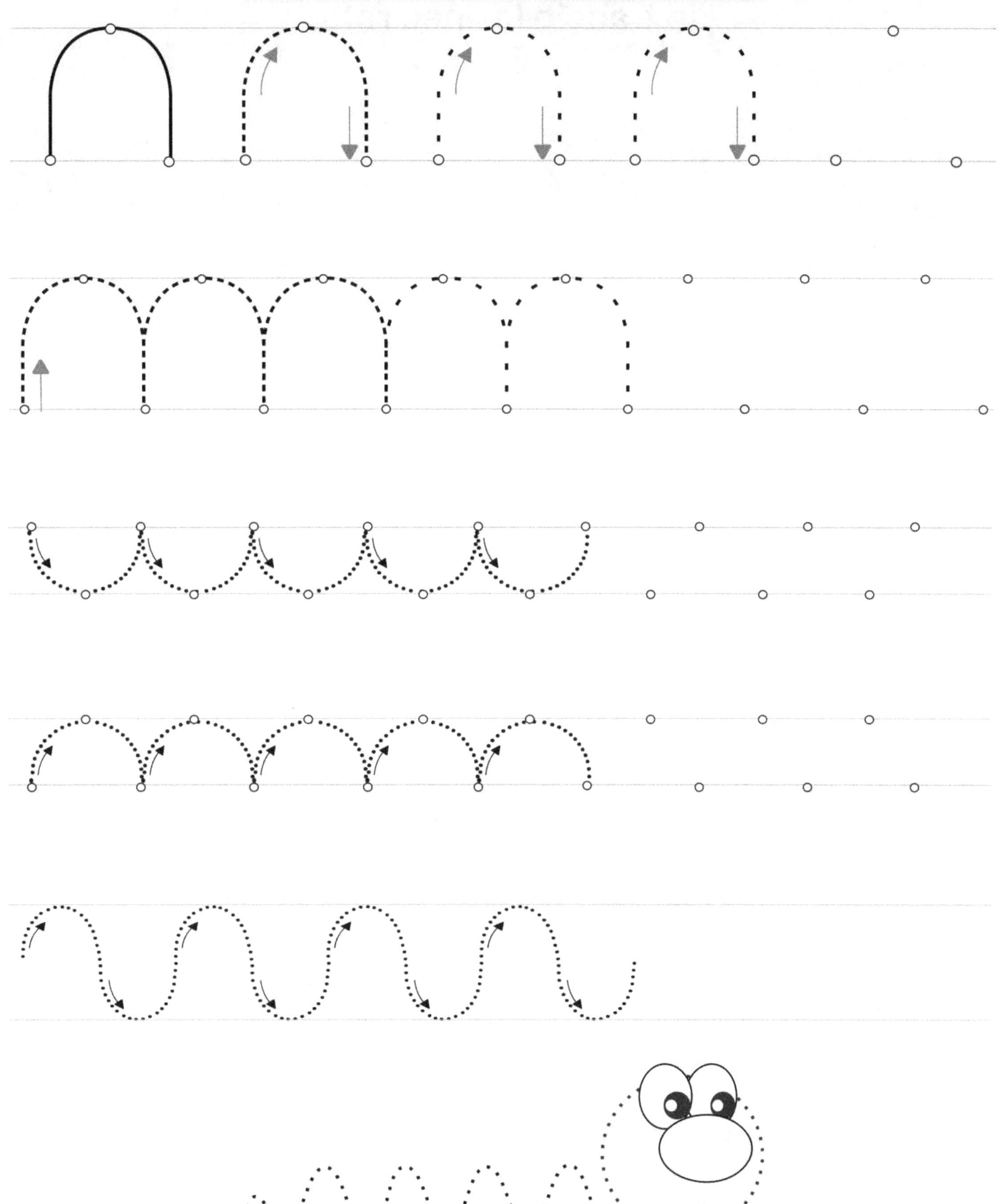

Io traccio le linee rette

Io traccio le linee e lo colore

Io traccio le linee e lo colore

Io traccio le linee e lo colore

Io traccio le linee e lo colore

Io traccio le linee e lo colore

Io traccio le linee e lo colore

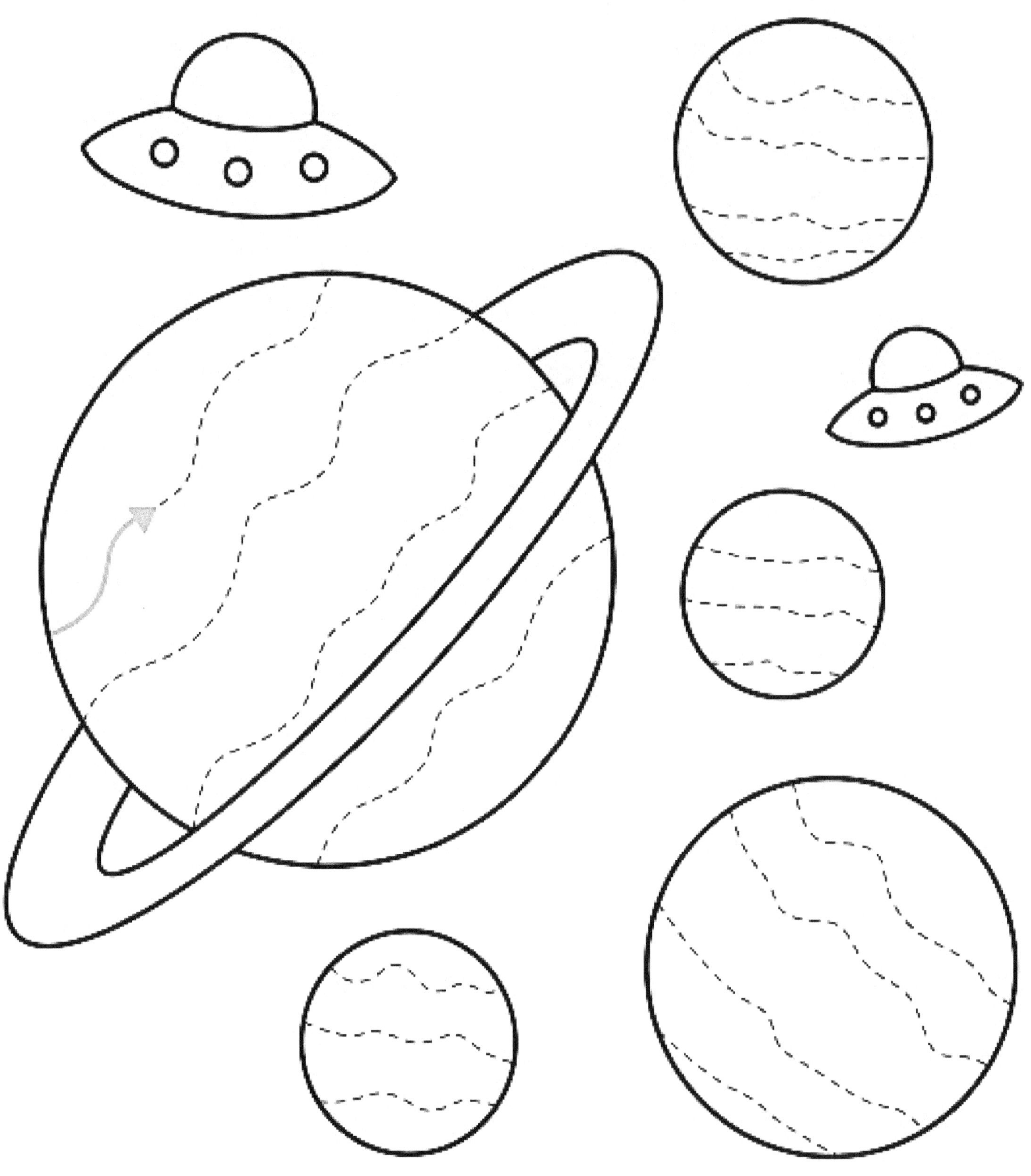

Io traccio le linee e lo colore

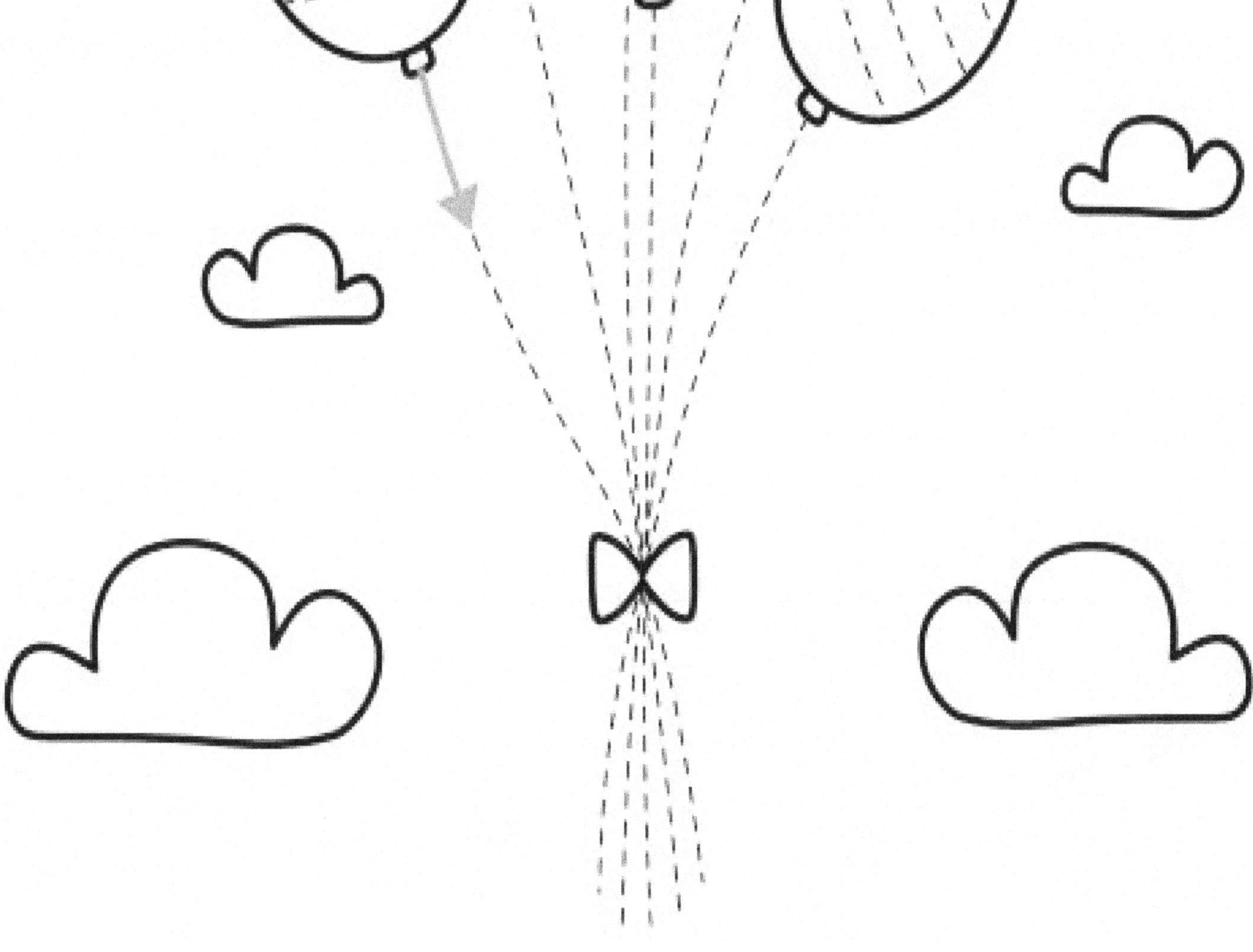

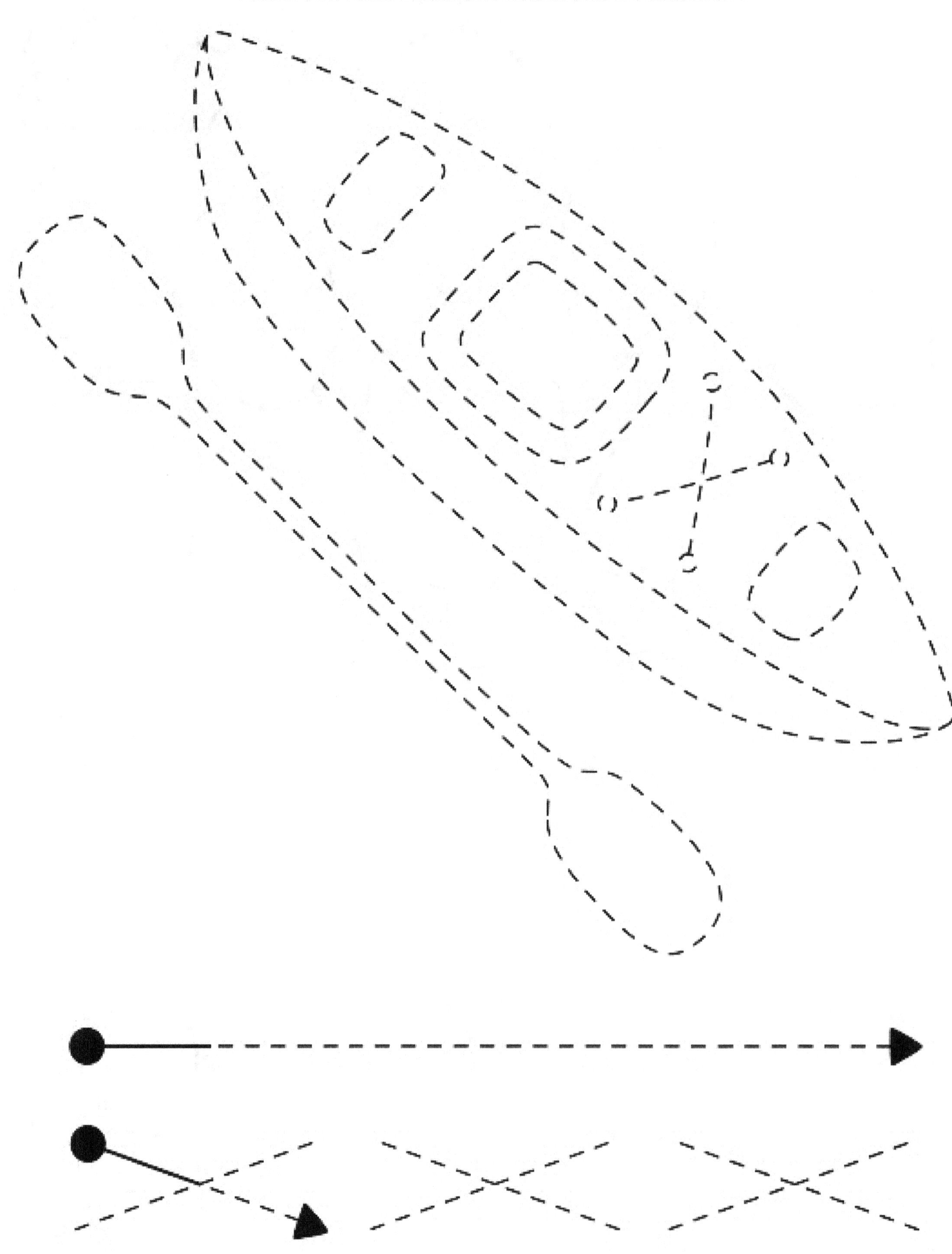

Io traccio le linee e lo colore

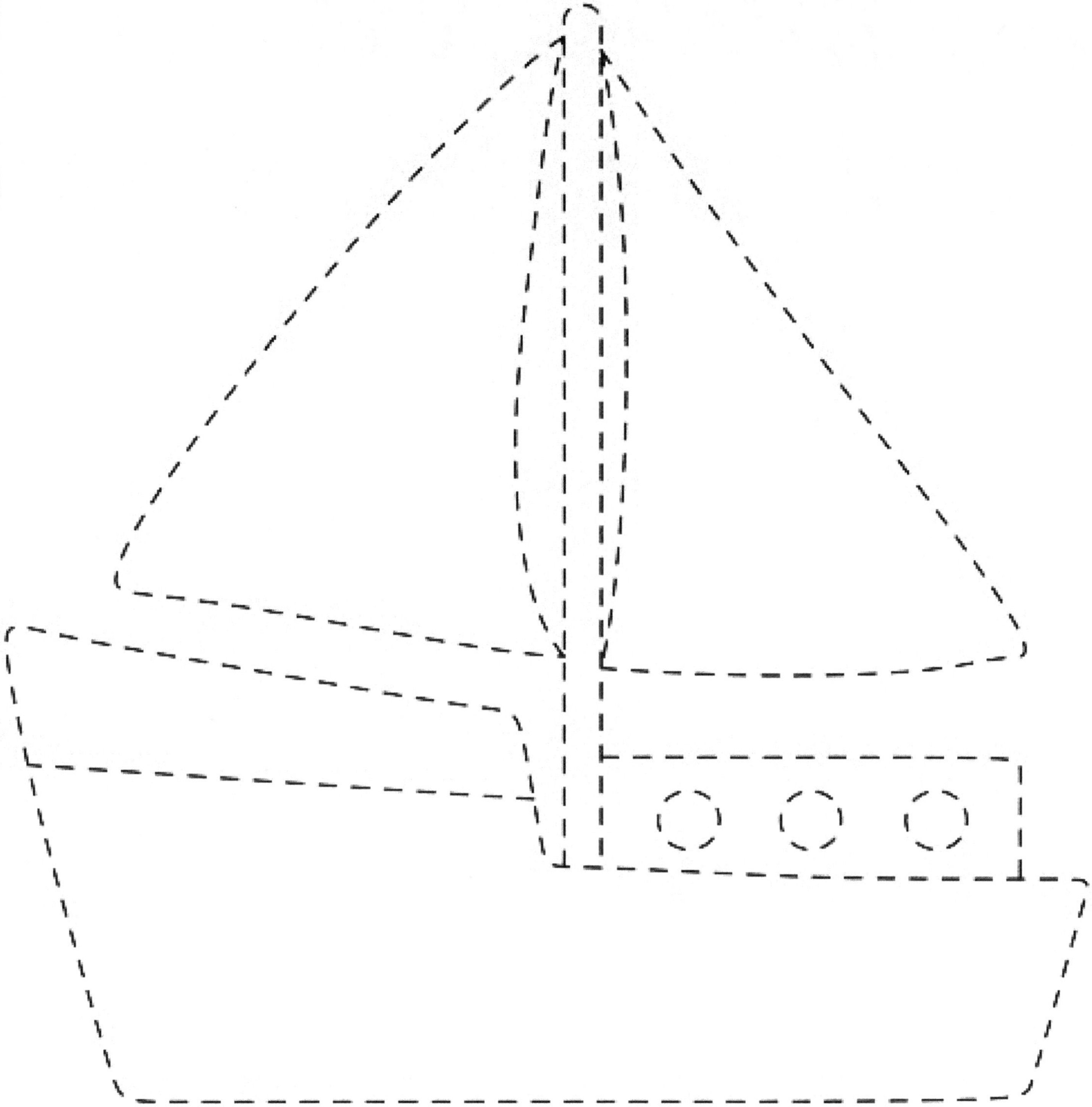

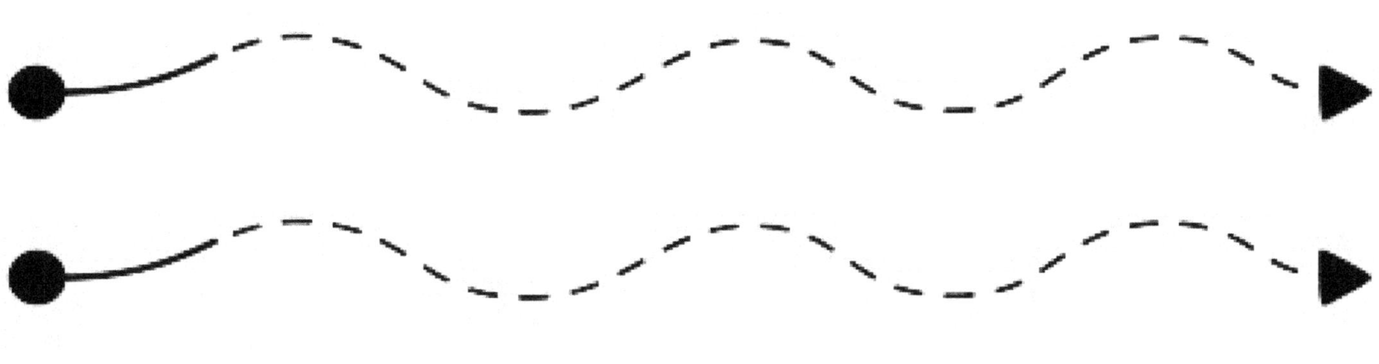

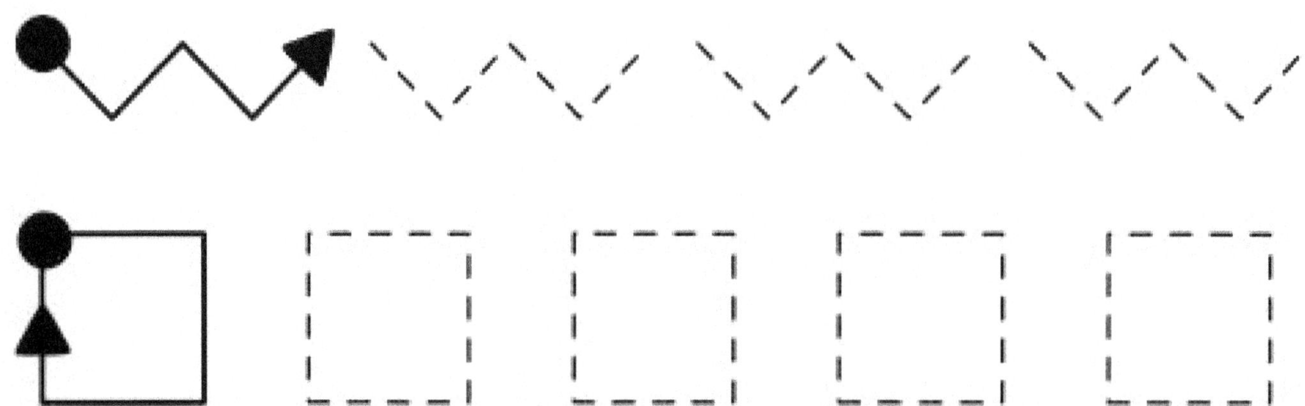

Io traccio le linee e lo colore

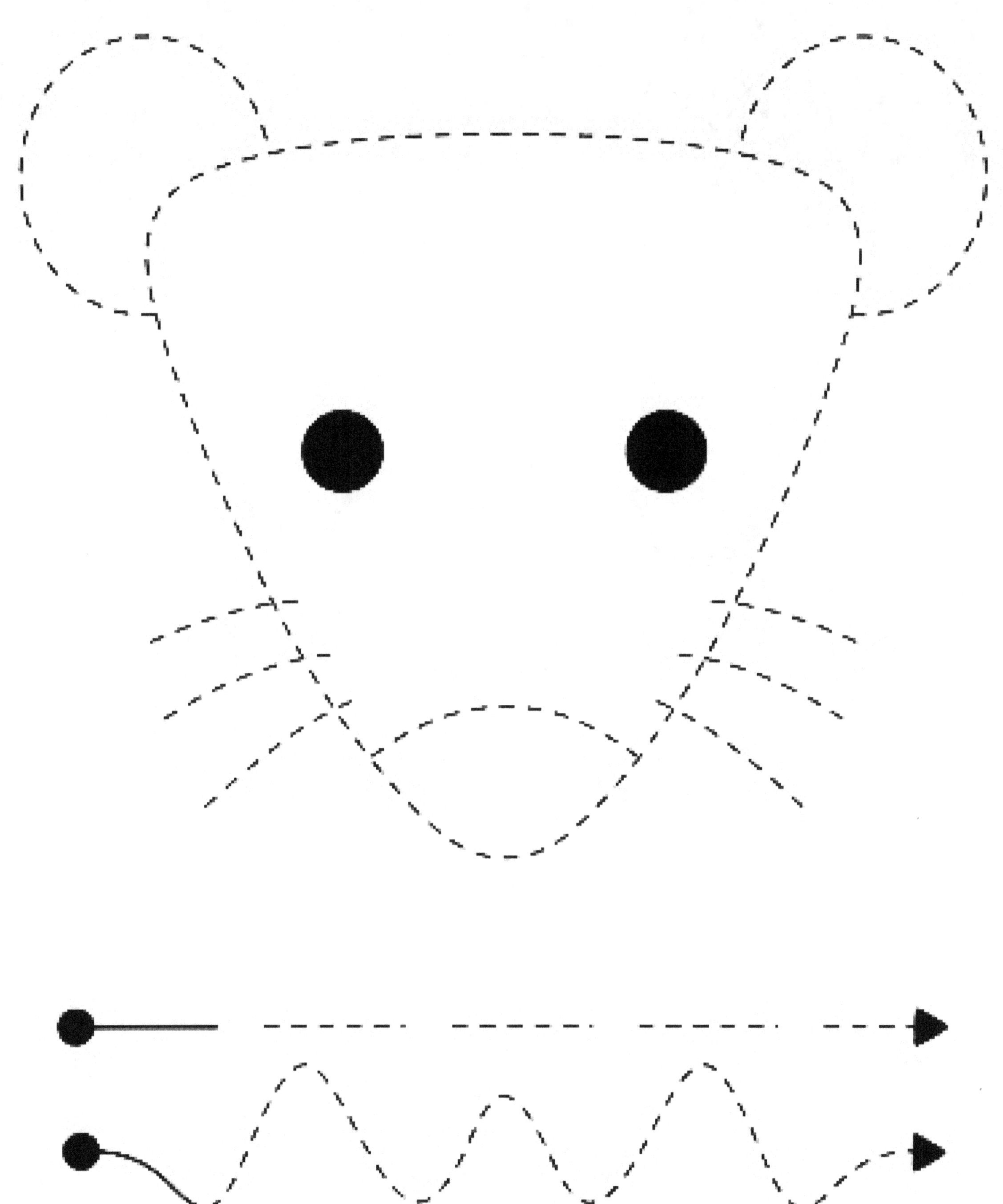

Io traccio le linee e lo colore

Io traccio le linee e lo colore

Io traccio le linee e lo colore

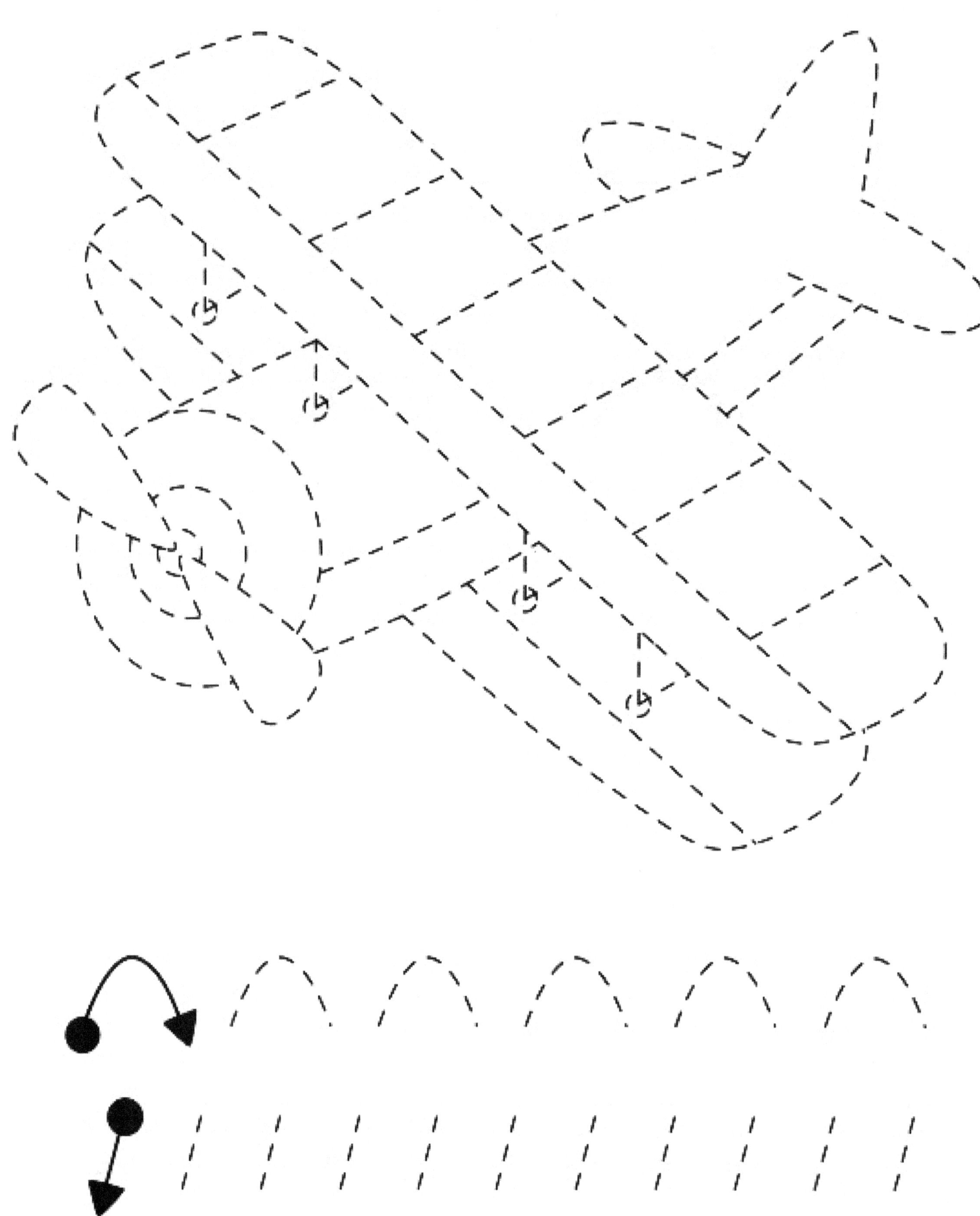

Io traccio le linee e lo colore

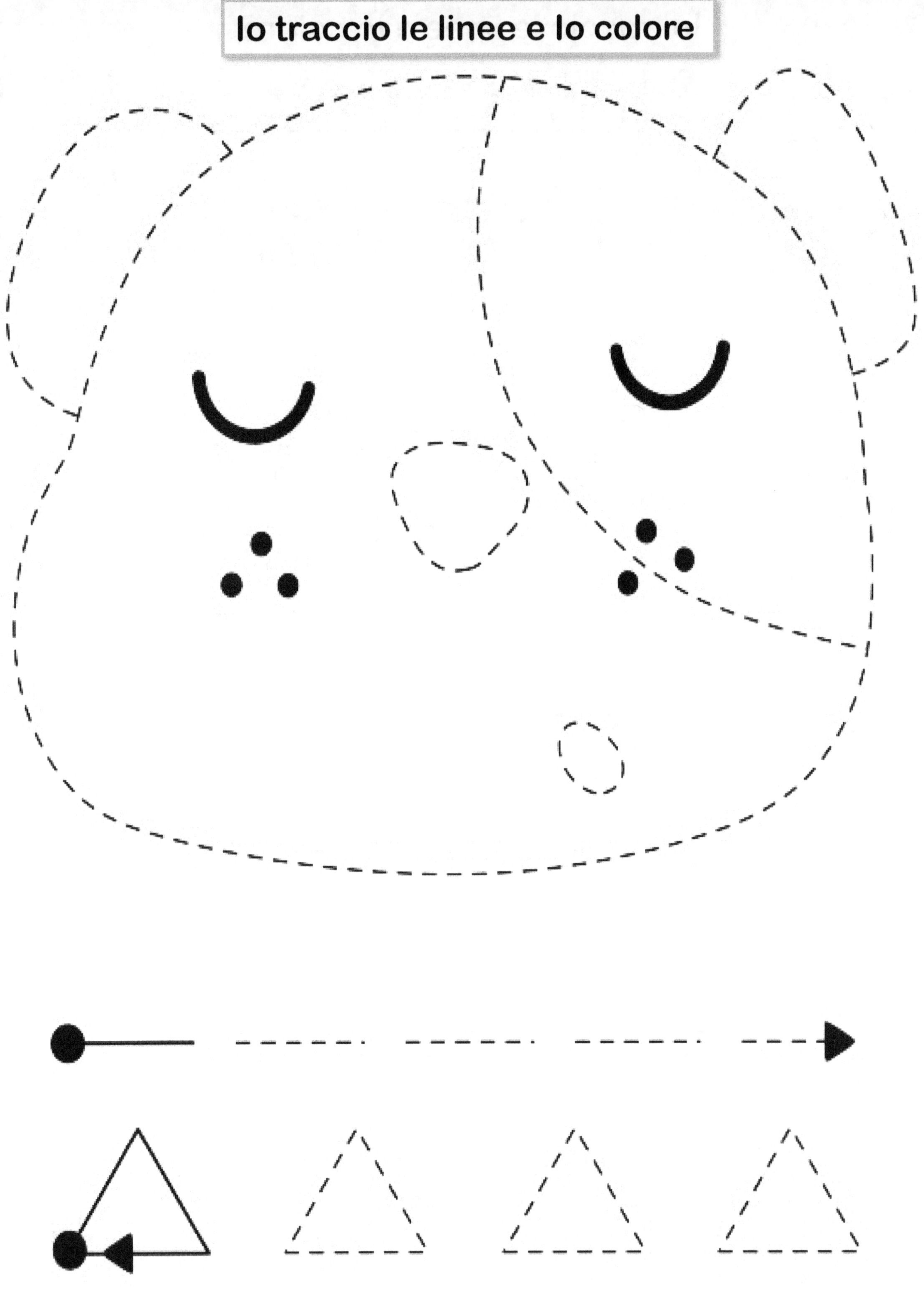

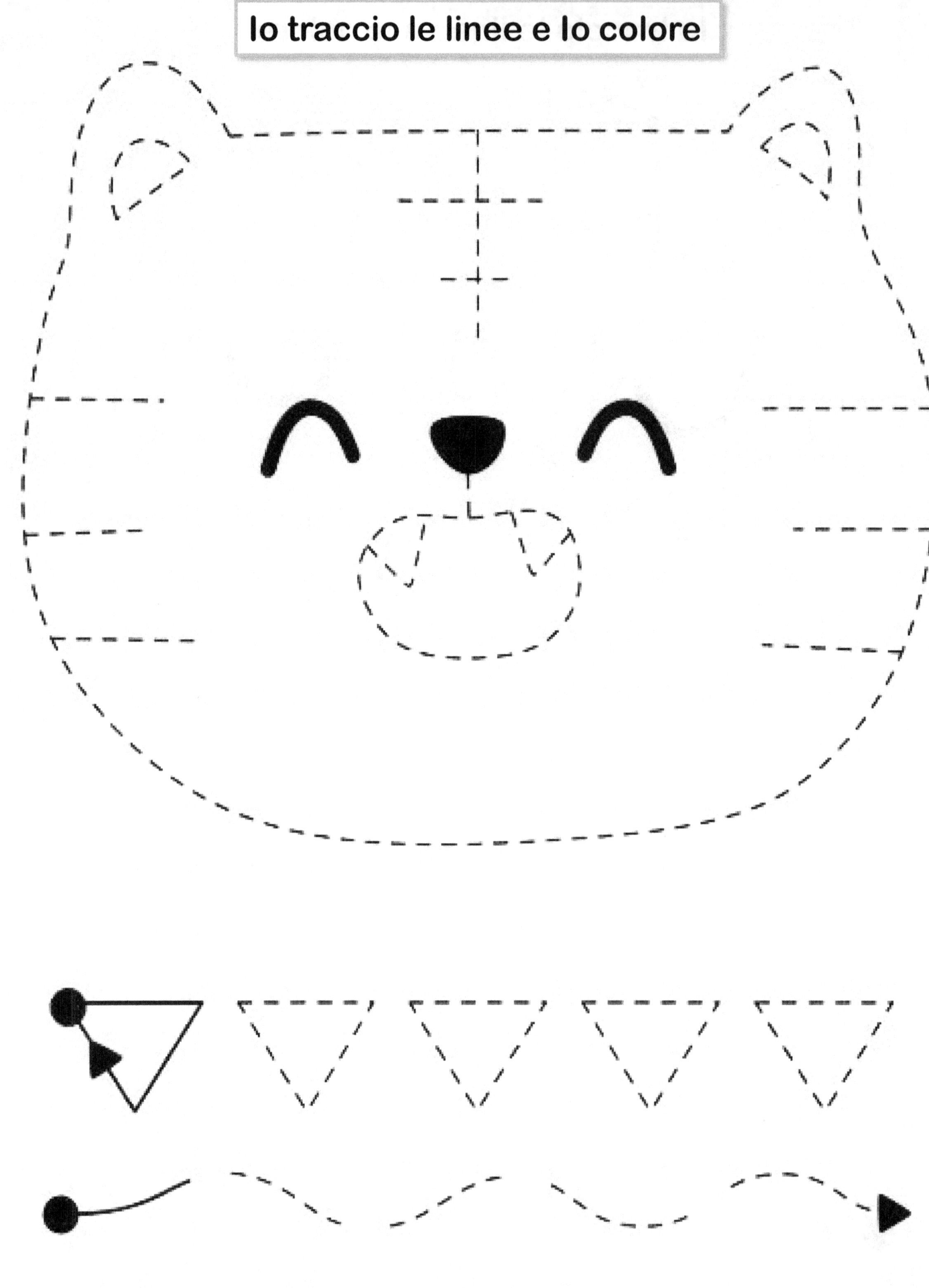

Io traccio le linee e lo colore

Io traccio le linee e lo colore

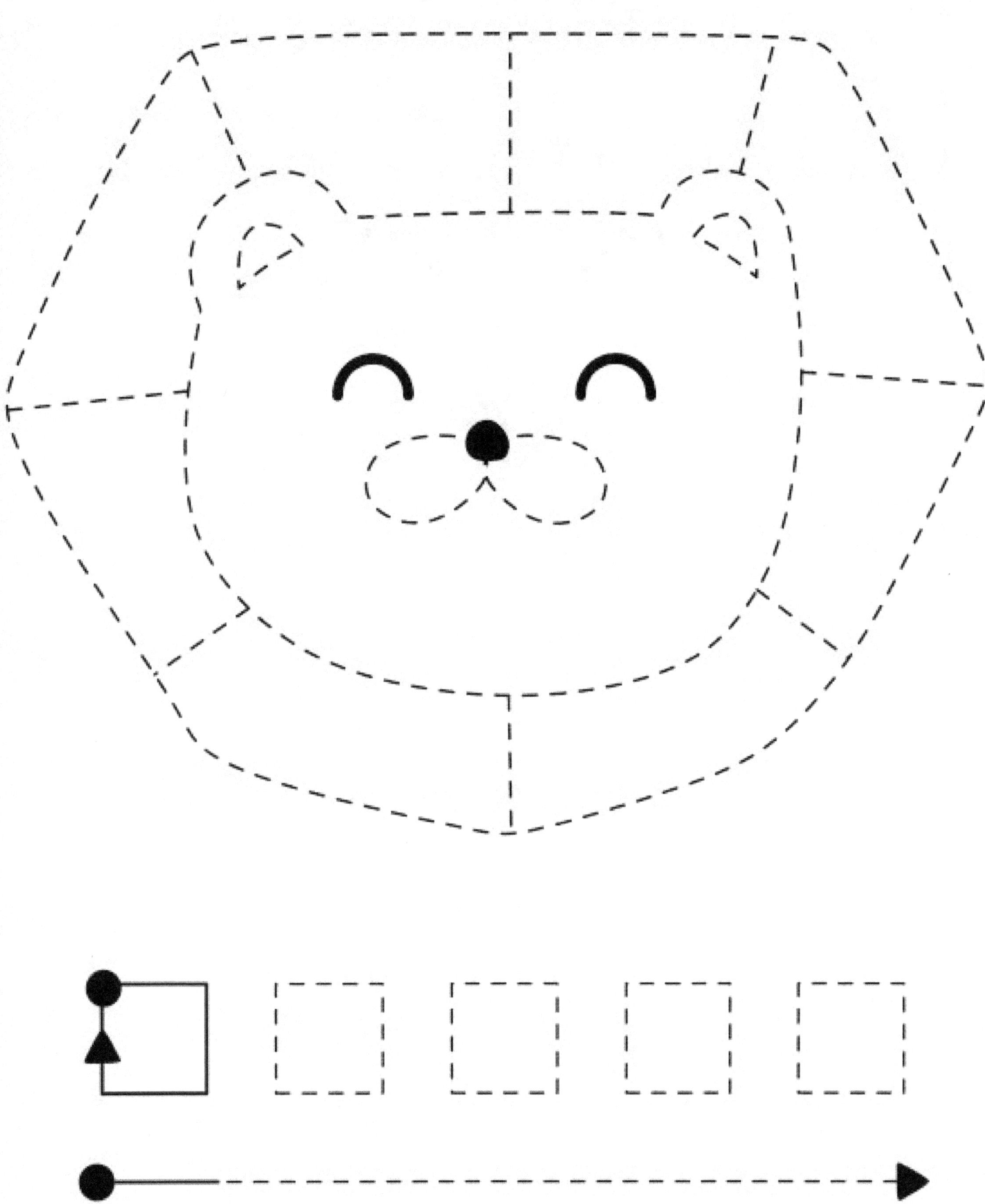

Io traccio le linee e lo colore

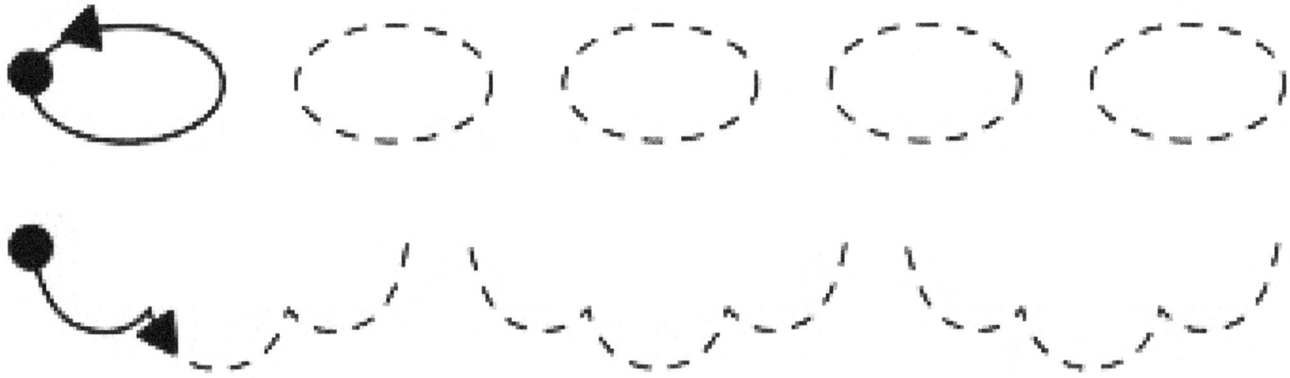

Io traccio le linee e lo colore

Io traccio le linee e lo colore

Io traccio le linee e lo colore

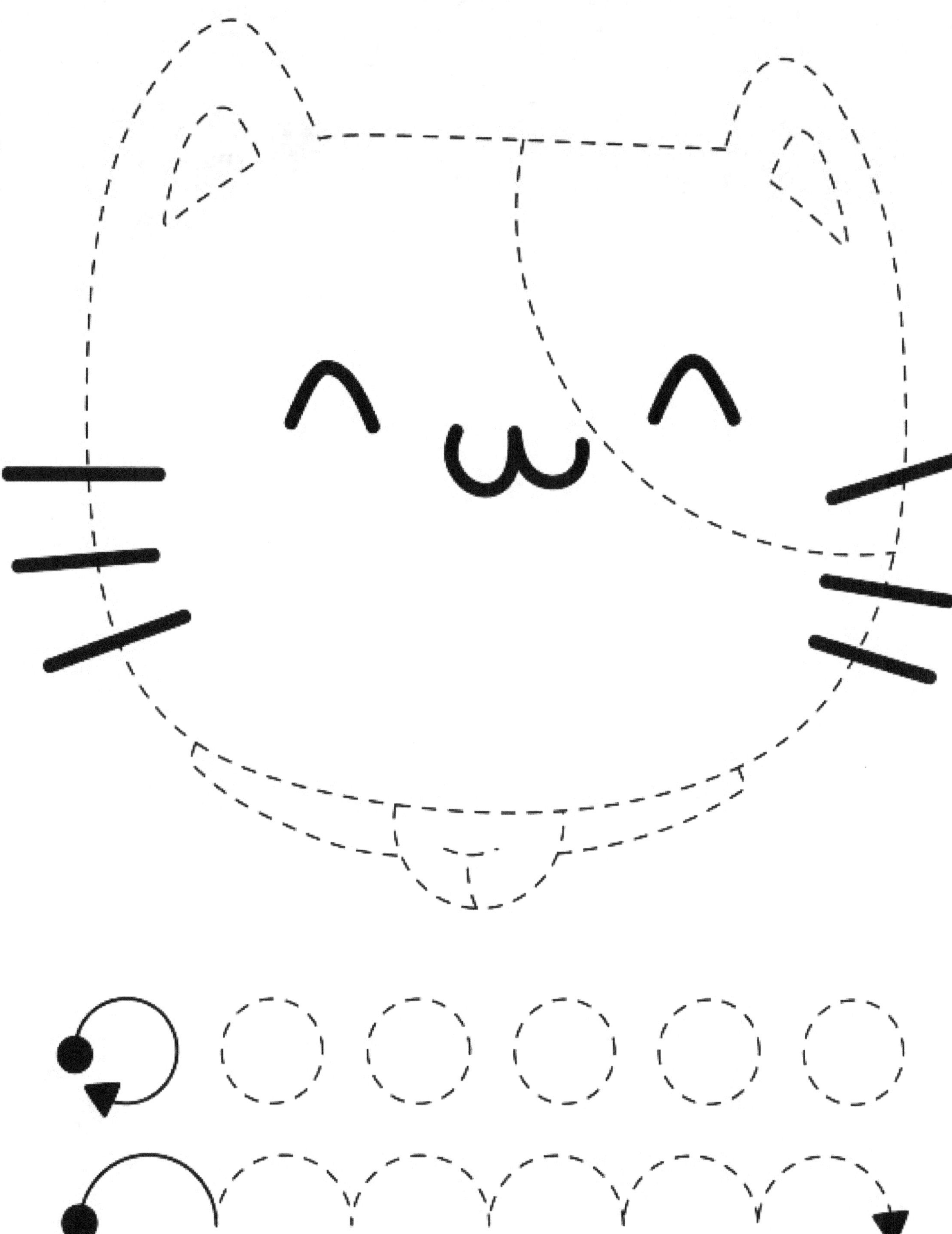

Io traccio le linee e lo colore

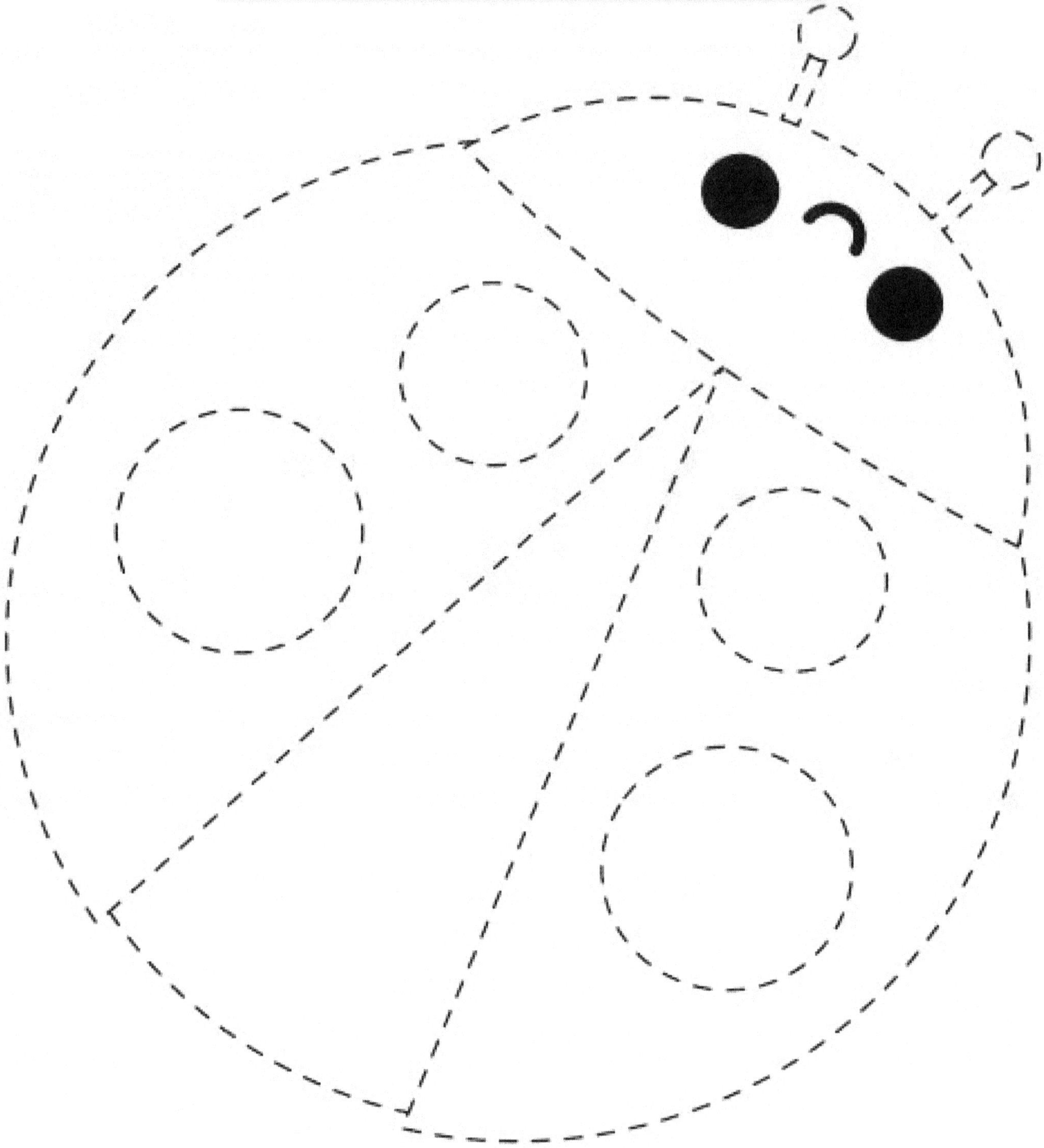

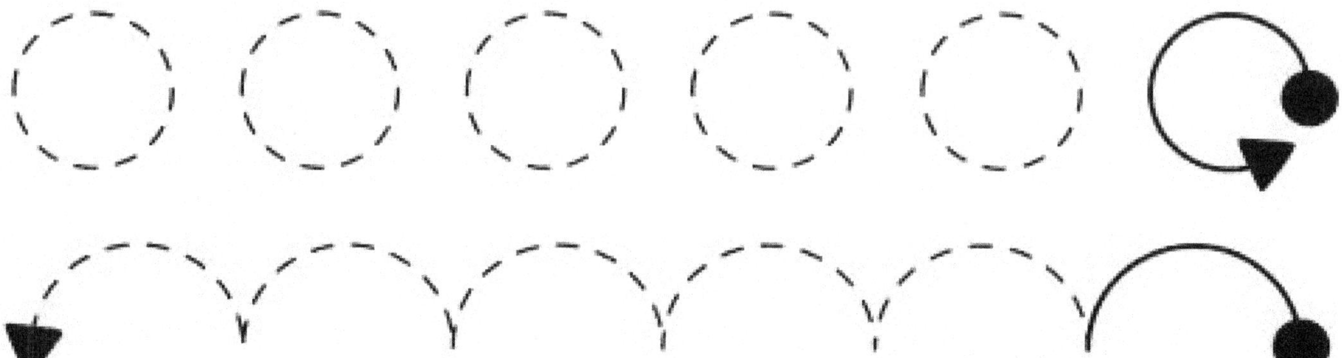

Io traccio le linee e lo colore

Io traccio le linee e lo colore

Io traccio le linee e lo colore

Io traccio le linee e lo colore

Io traccio le linee e lo colore

Io traccio le linee e lo colore

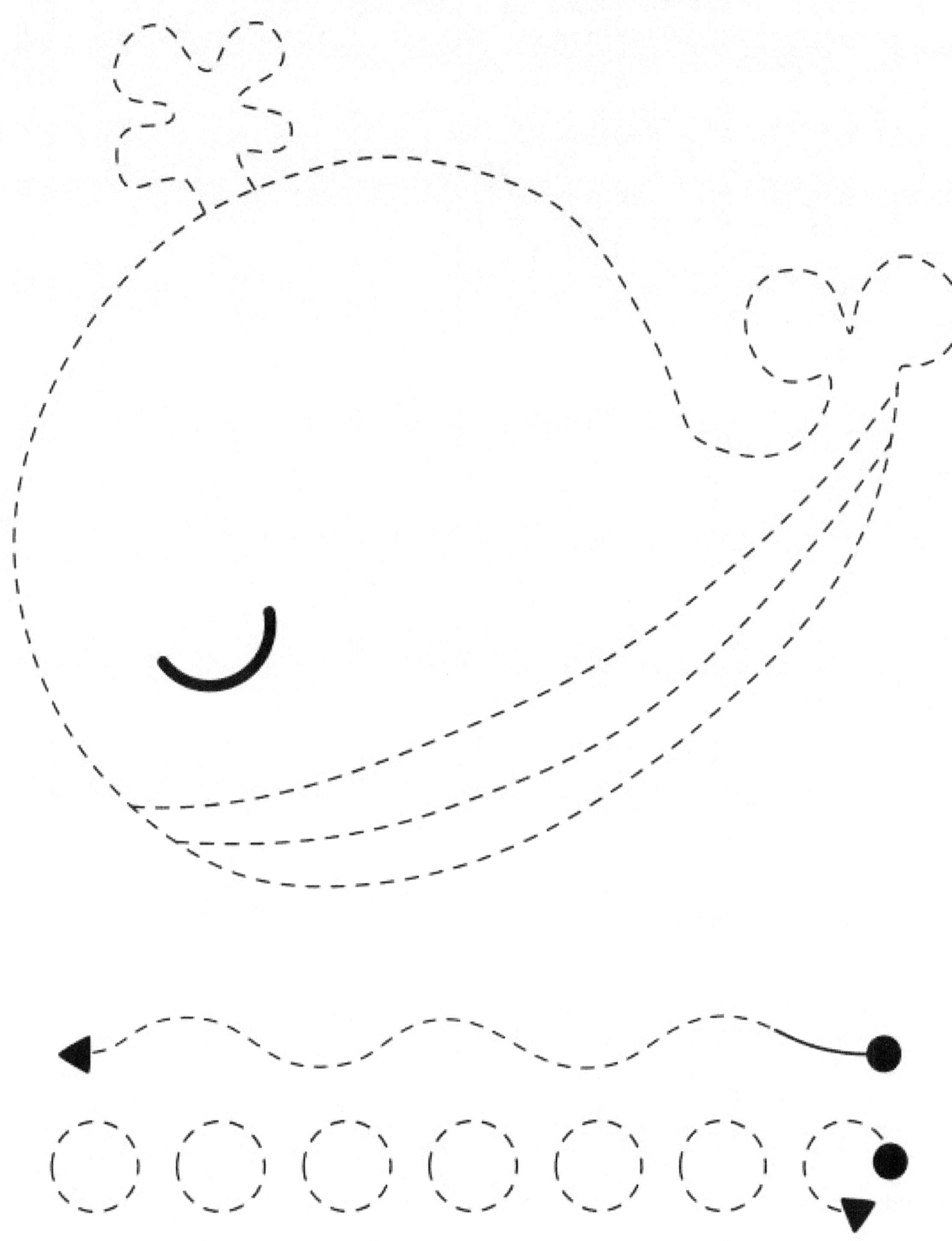

Io traccio le linee e lo colore

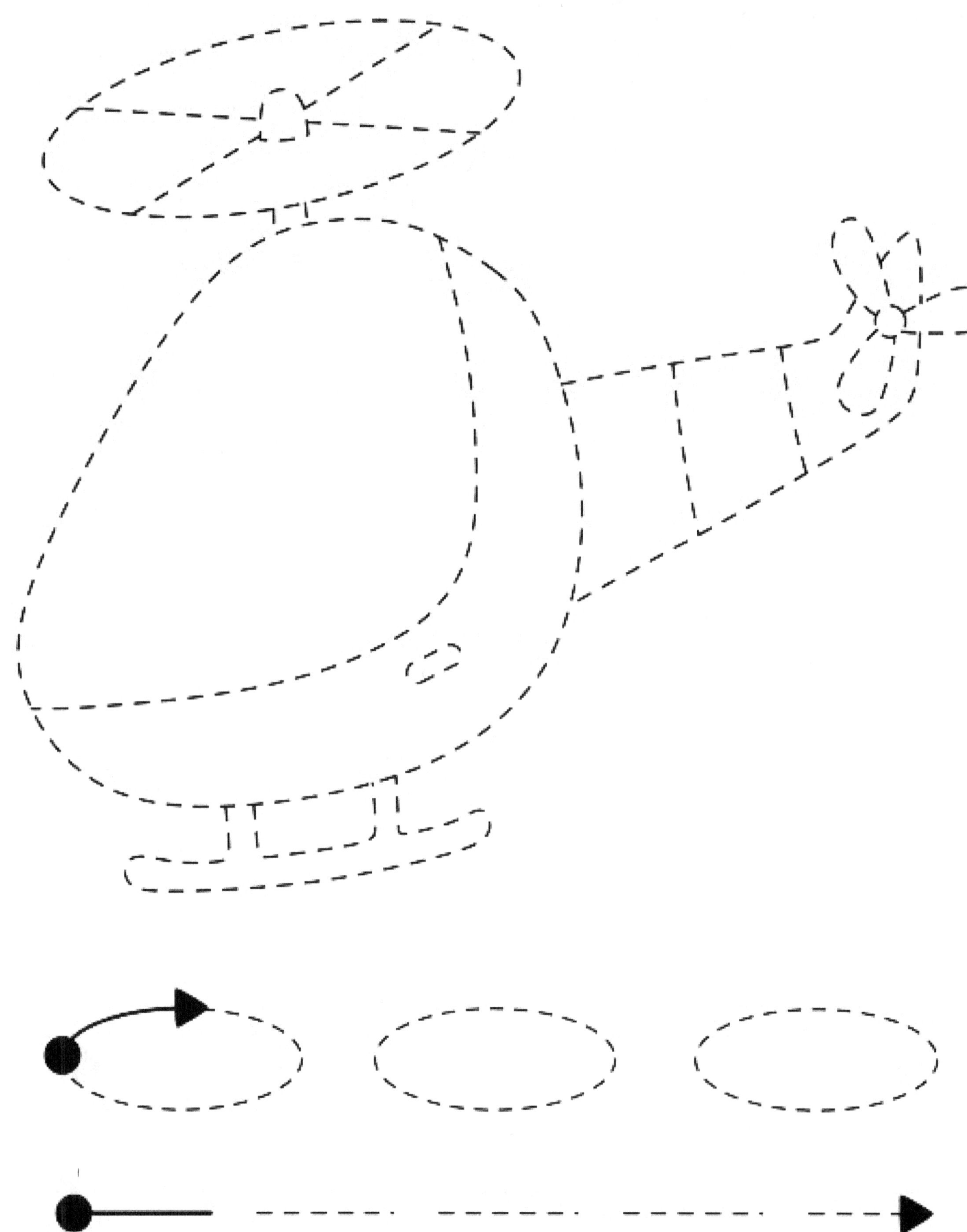

Io traccio le linee e lo colore

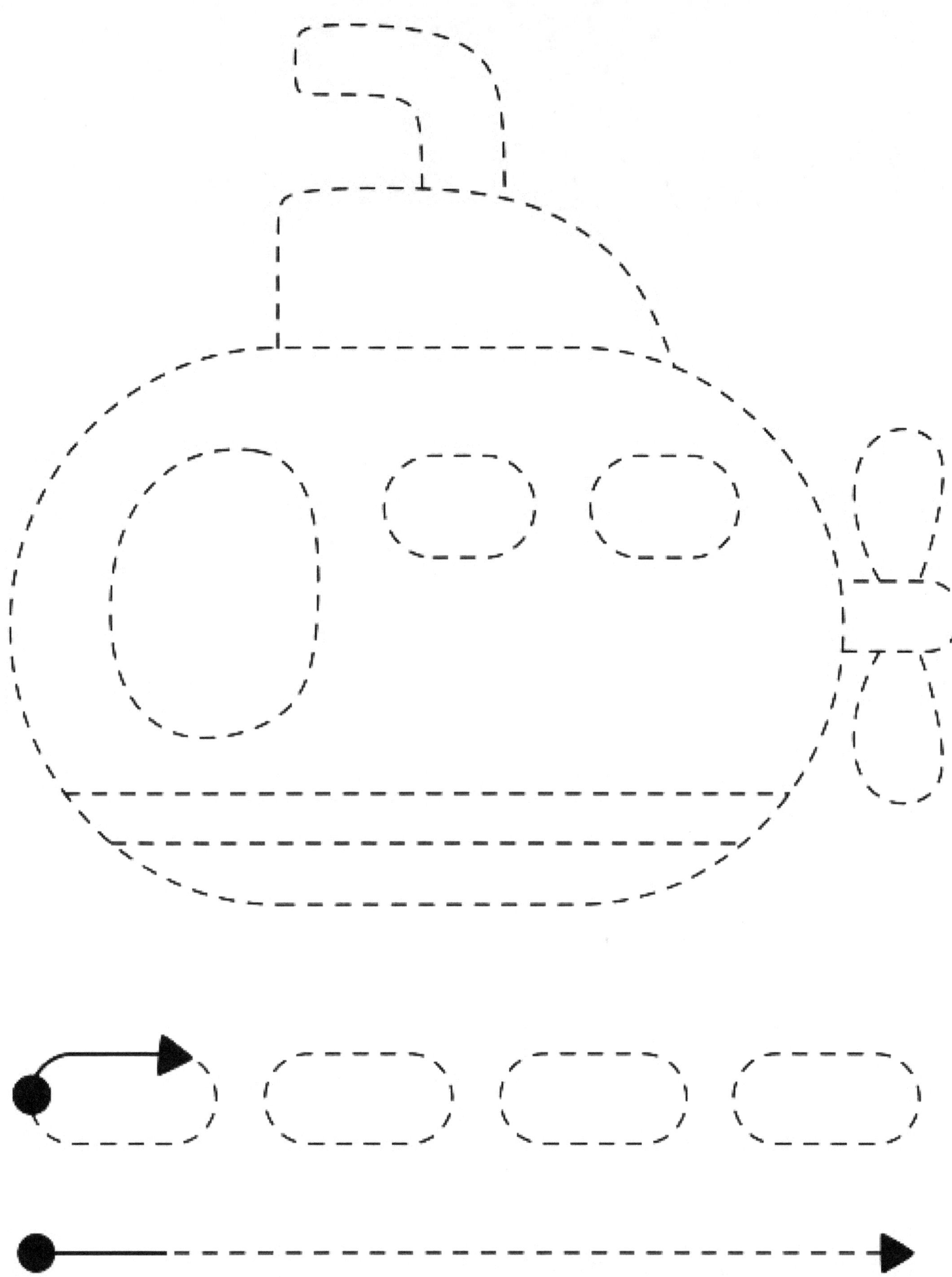

Io traccio le linee e lo colore

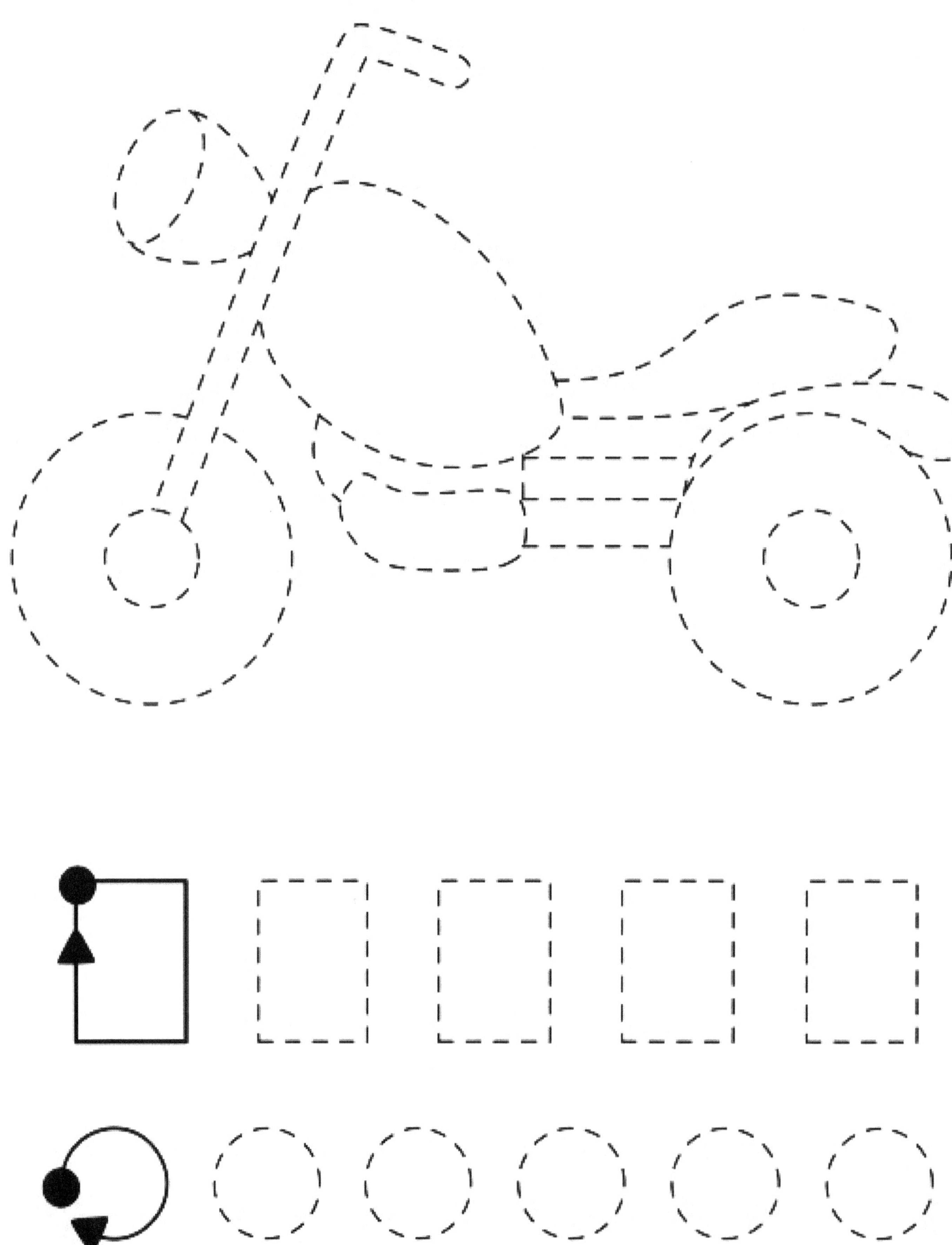

Io traccio le linee e lo colore

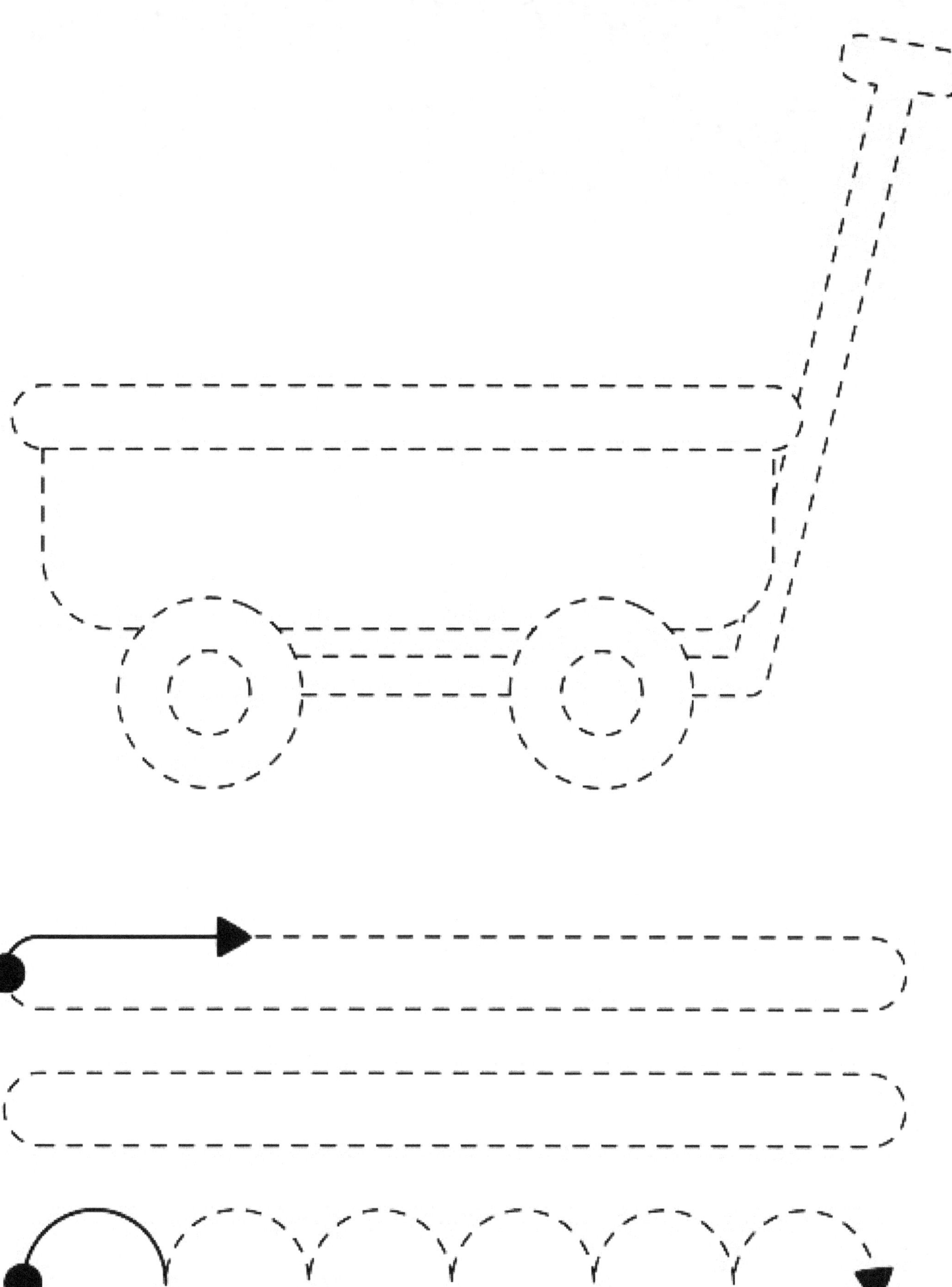

Io traccio le linee e lo colore

Io traccio le linee e lo colore

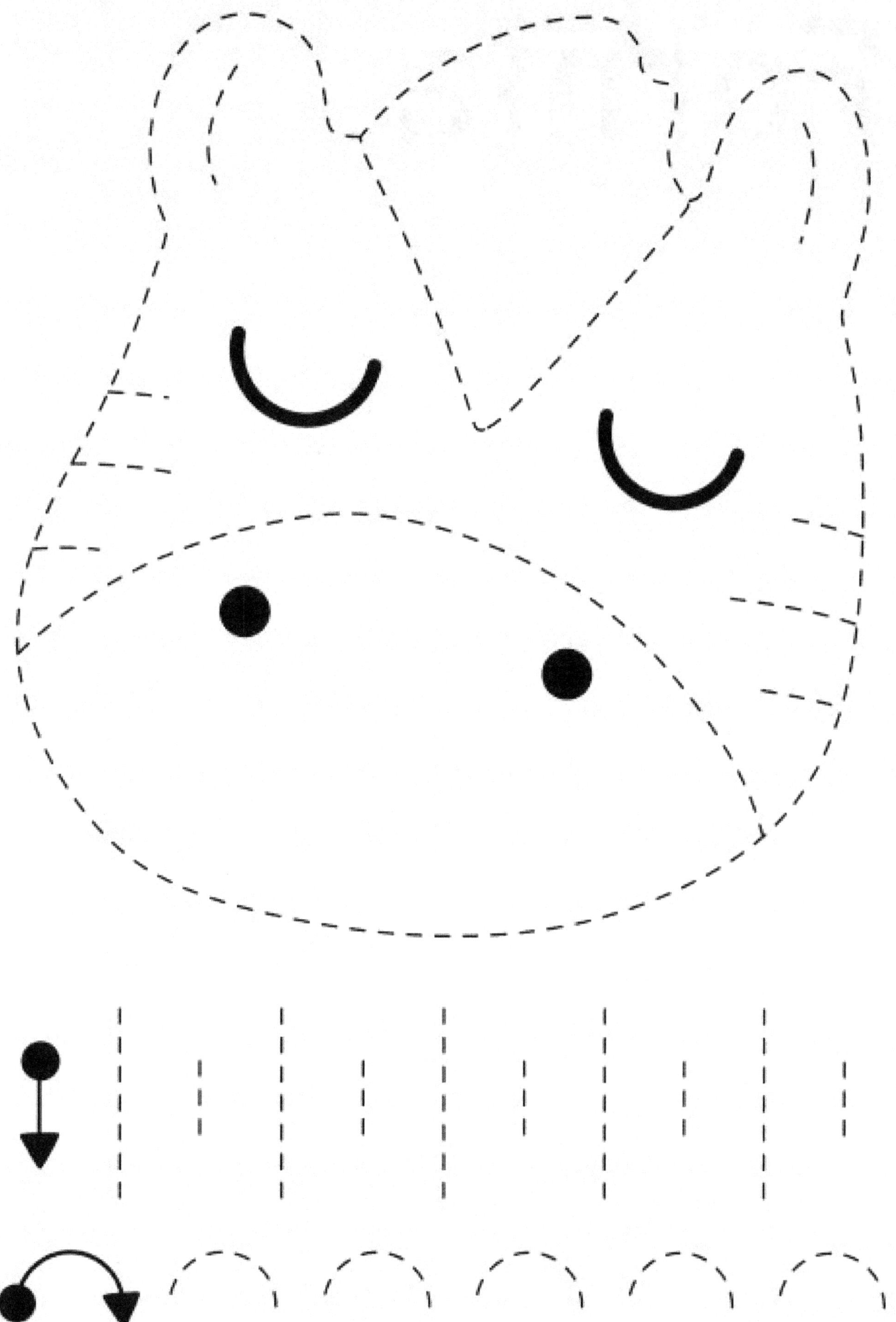

Forme

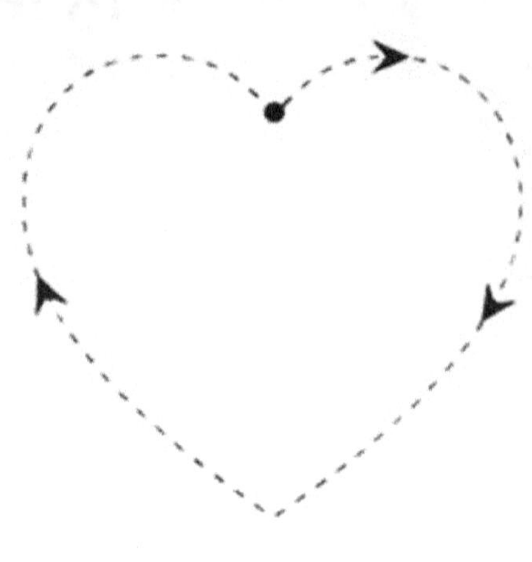

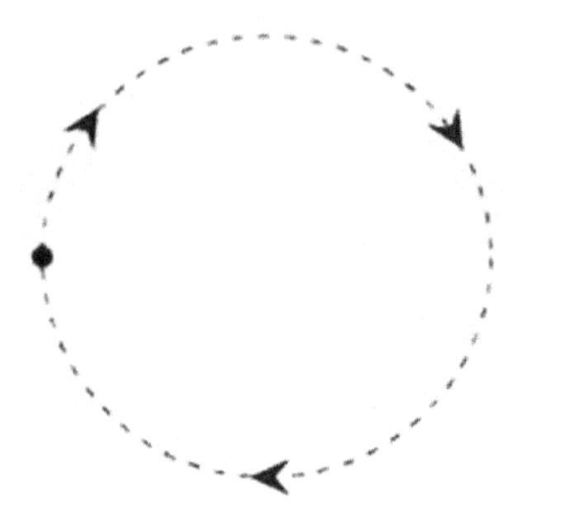

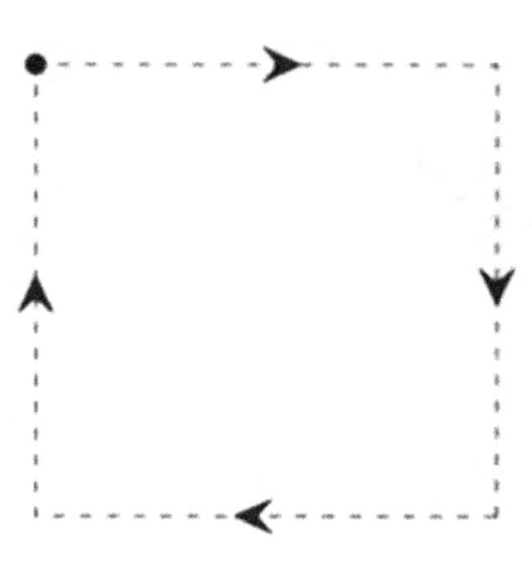

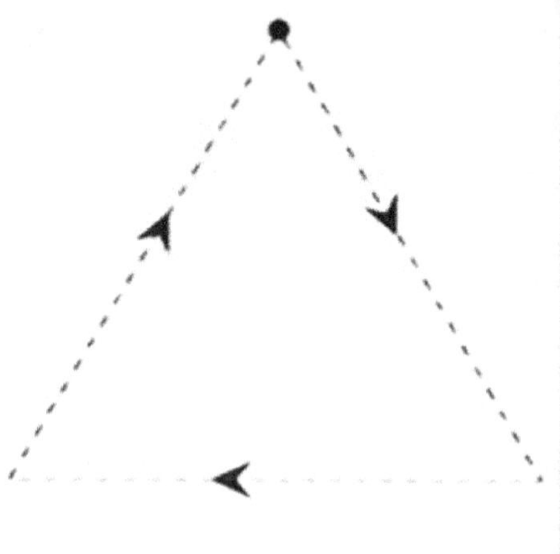

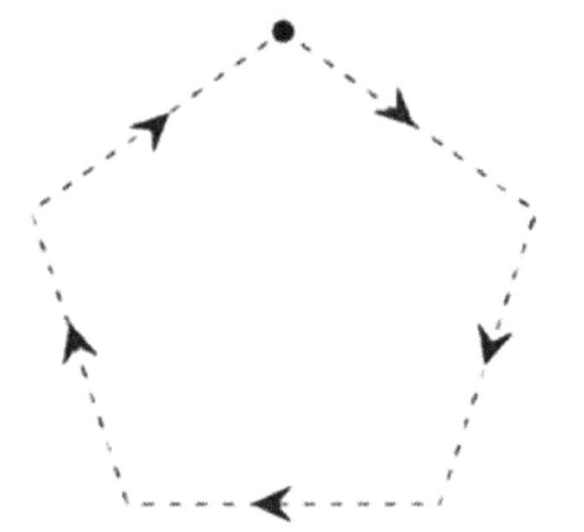

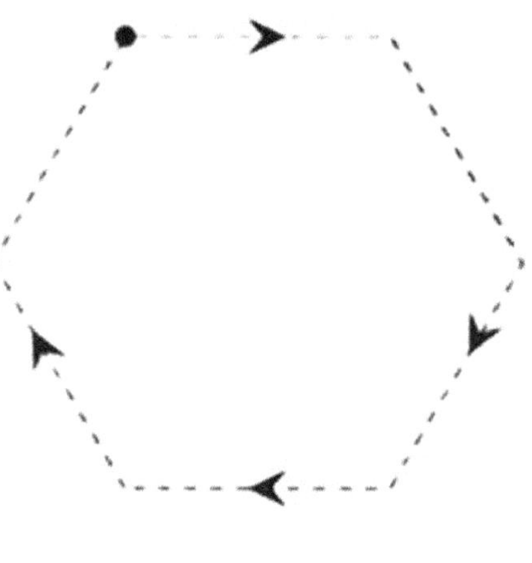

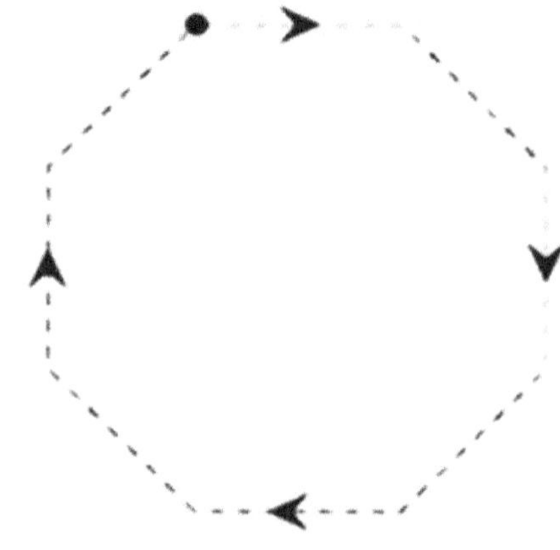

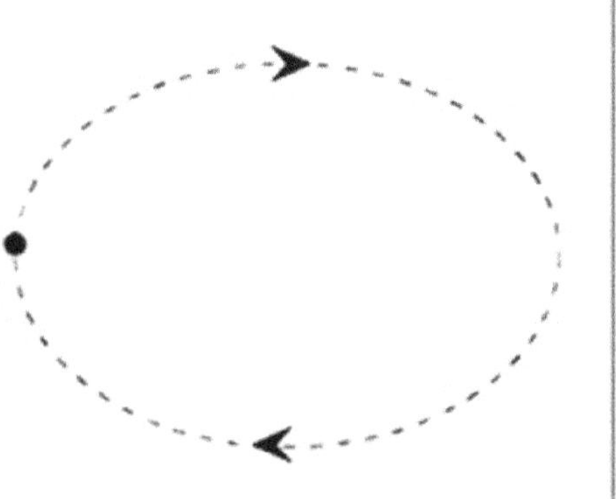

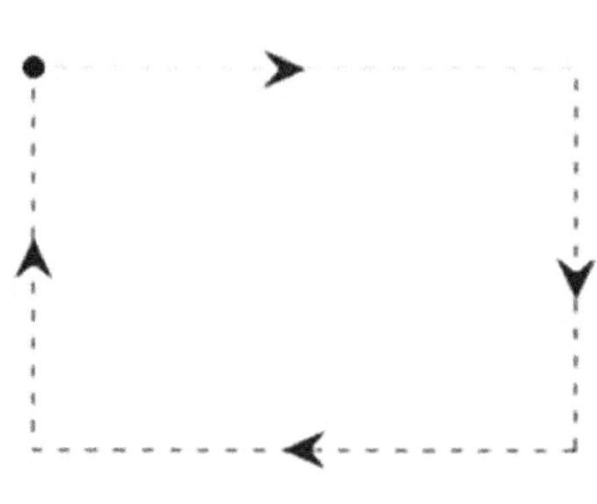

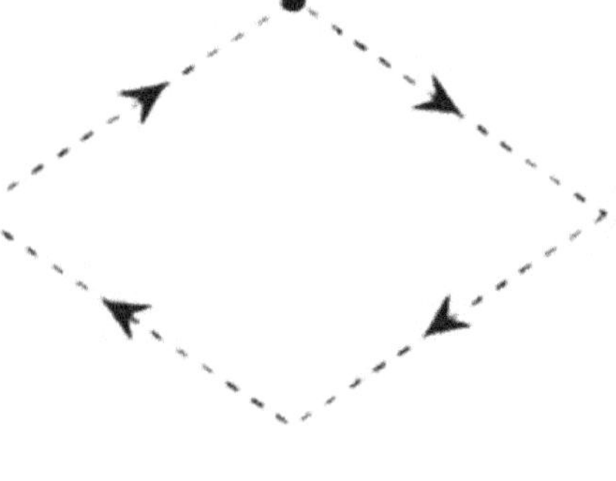

Figure geometriche

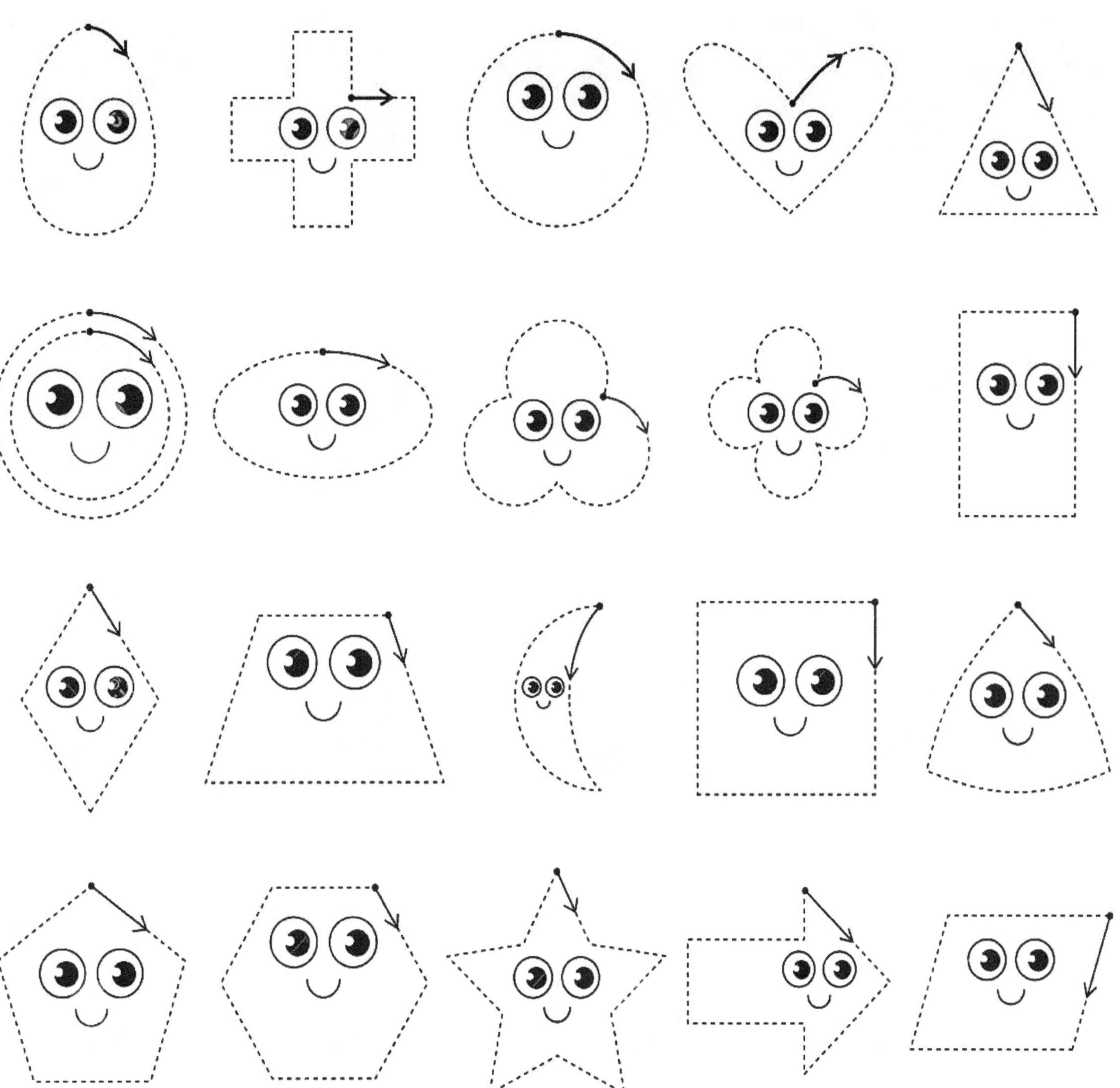

Figure geometriche

Impara a disegnare i triangoli con i disegni tratteggiati.

Impara a disegnare i triangoli con i disegni tratteggiati.

Figure geometriche

Impara a disegnare i quadrati con i disegni tratteggiati.

Figure geometriche

Impara a disegnare i rettangoli con i disegni tratteggiati.

Impara a disegnare i rettangoli con i disegni tratteggiati.

Figure geometriche

Impara a disegnare i rombi con i disegni tratteggiati.

Figure geometriche

Impara a disegnare gli esagoni con i disegni tratteggiati.

Figure geometriche

Impara a disegnare i cerchi con i disegni tratteggiati.

Figure geometriche

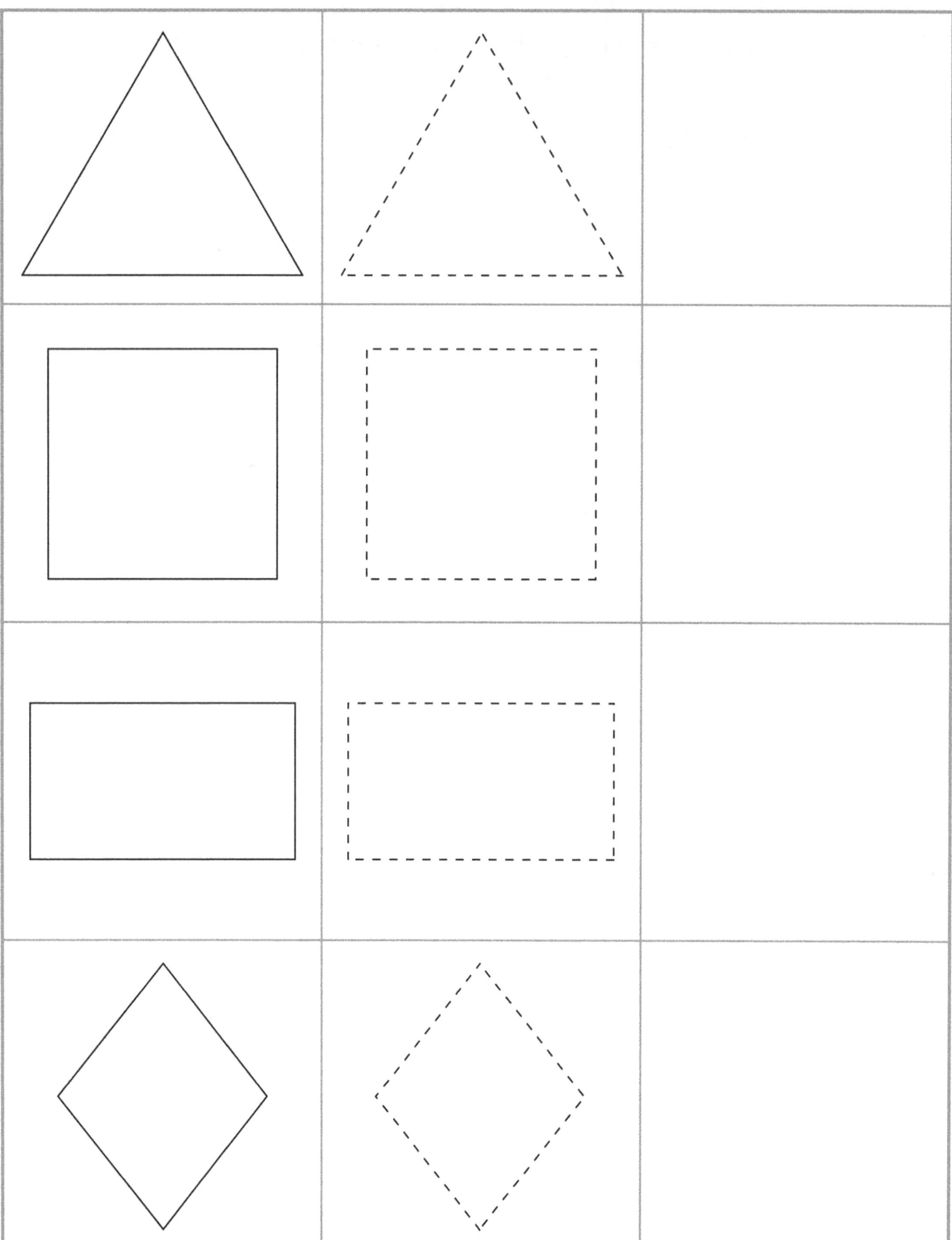

Figure geometriche

Figure geometriche

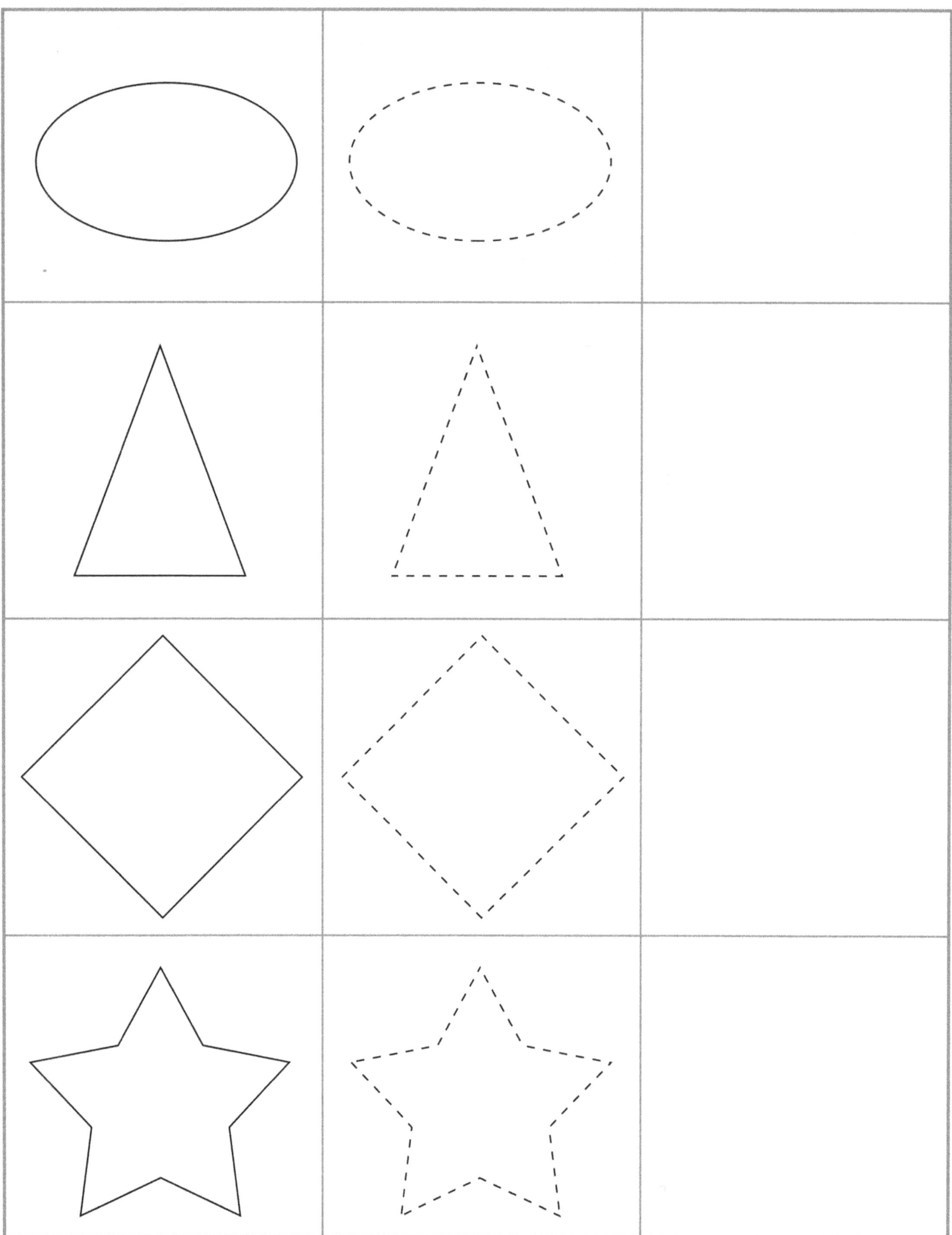

Figure geometriche

Figure geometriche

Figure geometriche

Figure geometriche

Figure geometriche

Figure geometriche

Figure geometriche

Io traccio le linee e lo colore

Io traccio le linee e lo colore

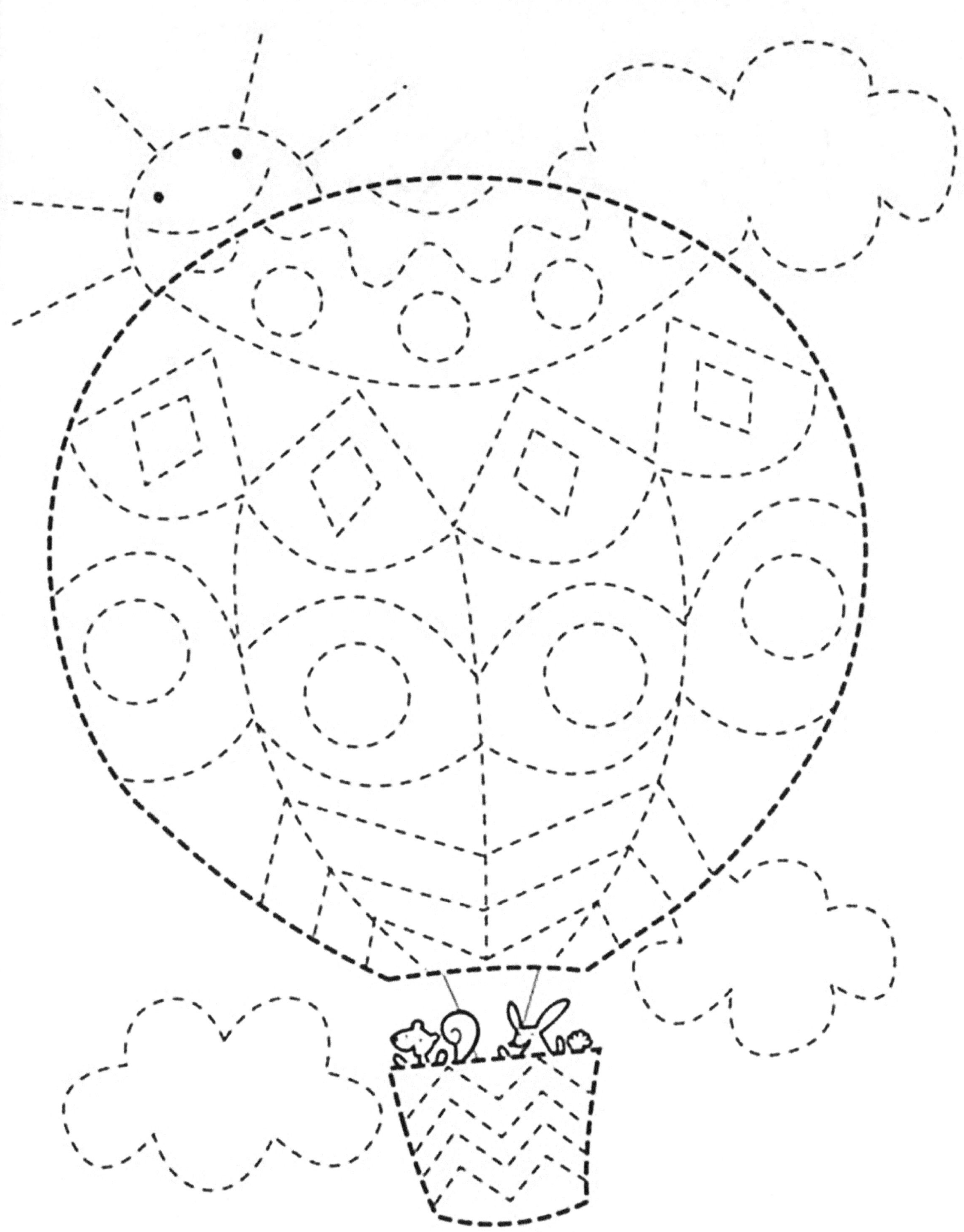

Io traccio le linee e lo colore

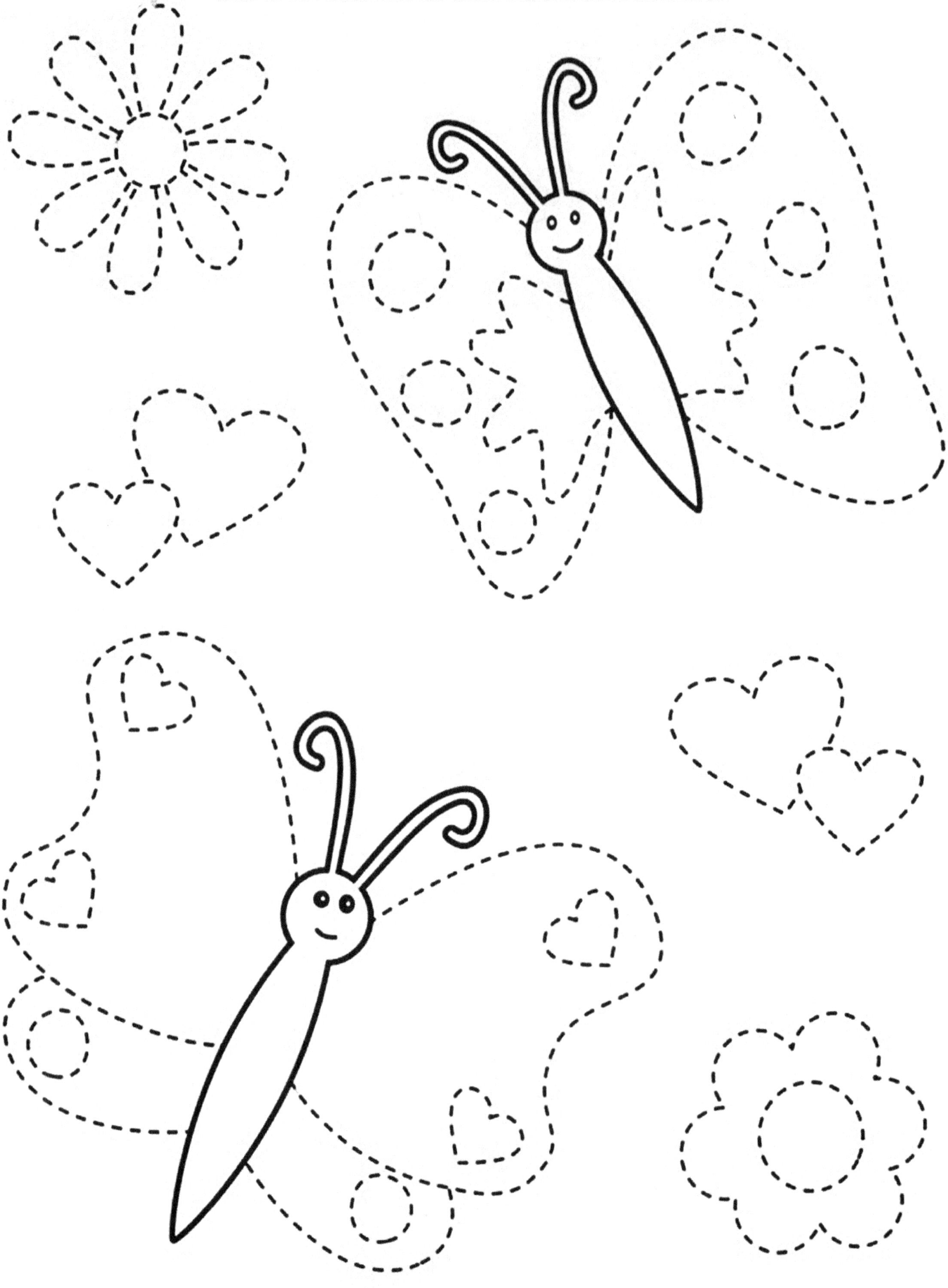

Io traccio le linee e lo colore

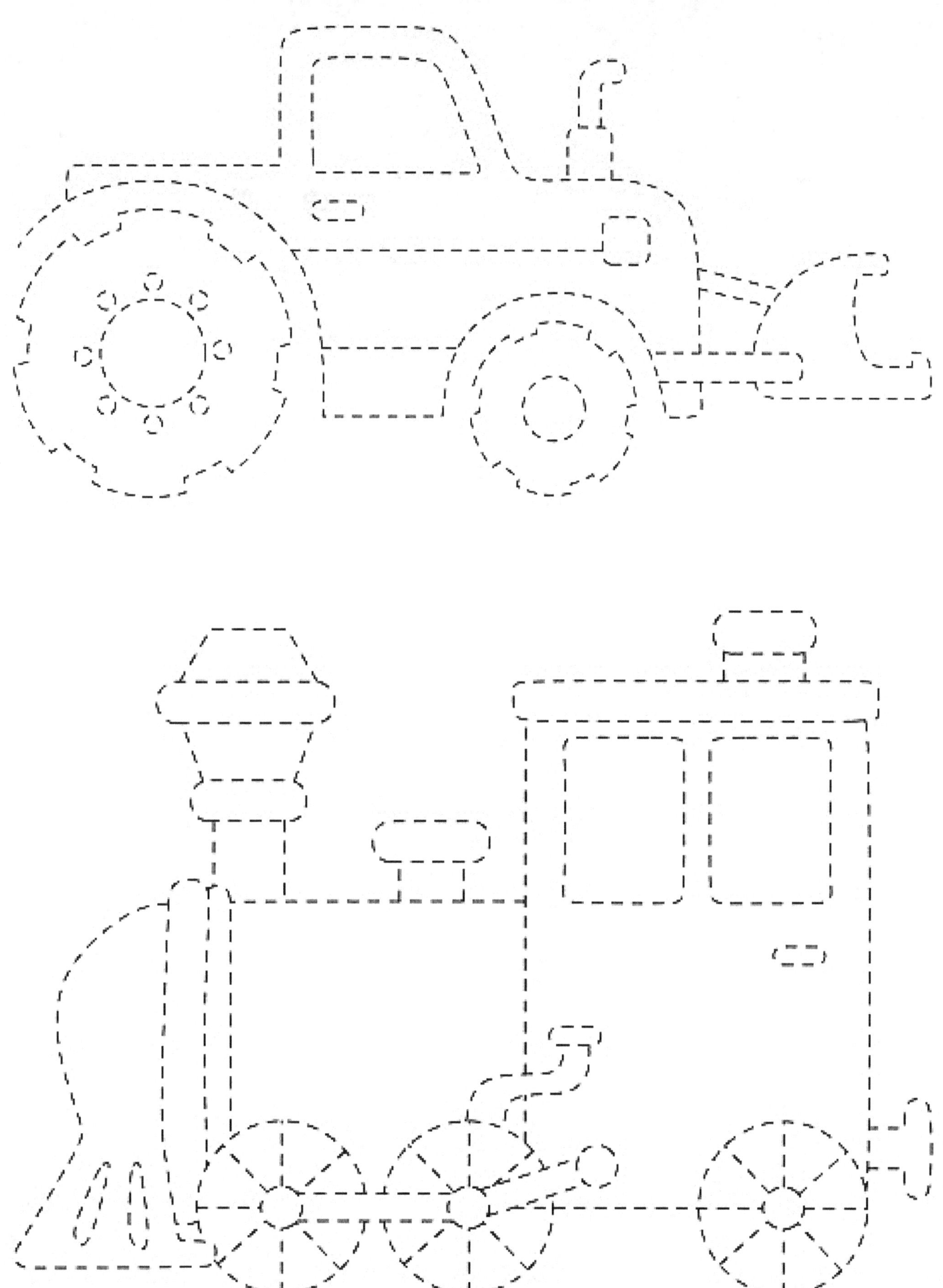

Io traccio le linee e lo colore

Io traccio le linee e lo colore

www.ingramcontent.com/pod-product-compliance
Lightning Source LLC
Chambersburg PA
CBHW081947160726
47999CB00008B/2548